グーグル社員は
なぜ日曜日に
山で過ごすのか

Chika Kawahara
河原 千賀

PHP
Business Shinsho

PHPビジネス新書

心が変われば行動が変わる。
行動が変われば習慣が変わる。
習慣が変われば人格が変わる。
人格が変われば運命が変わる。

アメリカ心理学の父　ウィリアム・ジェームス

今日が、日曜日だったとしよう。

あなたはいま、どんな気持ちで休日の夜を過ごしているだろうか。

「一日中、家でゆっくり過ごしたのに、まったく疲れがとれないな」

「遊園地に出掛けて思いっきり遊んだ！　でも、その反動で明日（月曜日）の朝を迎えるのがつらい」

「たまった仕事が頭から離れず、つい休日にミーティングを入れてしまった」

毎週、同じようなモヤモヤを抱きながら1週間のスタートを切り、ウィークエンドに一時のときめきを覚えるものの、心身ともに疲れ果てて1週間を終える。

ほんとうならエネルギーにあふれ、幸福感が満たされた状態で月曜日の朝を迎えられるはずが、そうなっていない。

「自分は仕事へのやる気が、欠けているのではないか」

と自己嫌悪に陥《おちい》っていないか。

でも、安心してほしい。

あなたは、決してやる気が足りないわけではない。実際、毎日出勤し、タスクをこなしている。だから、仕事のやり方を変える必要はない。

ただ、**ほんの少しだけ「休み方」を工夫すればいい**のだ。

私たちは「休み方」を教えられてこなかった

まず、これまでの人生を振り返ってほしい。

あなたは、誰かに「休み方」を教えてもらった記憶があるだろうか。

勉強のやり方は教えてくれても、「勉強の休み方」まで丁寧に指導してくれた教師はいなかったはずだ。授業と授業の間の休憩時間はもちろん、休日や夏休みの過ごし方も基本的には、生徒（家庭）に一任されていた。

社会人になったら、「仕事の仕方」は上司や先輩が丁寧に教えてくれる。しかし、退勤後の時間は自ら使い方を決めなくてはならない。**何をやってもいいし、何もやらなくてもいい。**

自由だからこそ、「何となく」「自己流」で、とくに意識をせずに休日を過ごす。そんなビジネスパーソンが大半のようだ。

そこには「休む時間」はただ仕事と仕事の間に存在するもの、という消極的な捉え方がなされている。まるで、「授業と授業の間の休憩時間」であるかのように。

少々厳しい指摘をすれば、**現代人は仕事には真面目で勤勉で、能力が高い（人が多い）にもかかわらず、じつは「休み下手《べた》」なのである。**

気を落とさず、このまま聞いてほしい。

それはこれまで、誰からも教えられてこなかったものだし、「練習」したことがないのだから仕方がない。いまから、学んでいこうではないか。

休日が増えているのに、仕事の連絡を断てない日本人

「ワーク・ライフ・バランス」の名のもとに、生産性とウェルビーイングの関係性

に注目が集まり、各国のビジネスパーソンが働き方を見直そうとする動きが加速している。

日本でも2019年から順次「働き方改革」が進められているが、はたしてそれは「しっかり休む」ことにつながっているのだろうか。

皆さんも自分の胸に手を当てて、仕事を離れ「ちゃんと」休めていたかどうか思い出してほしい。

米国の大手旅行サイト「エクスペディア」が毎年行なっている「世界11地域有給休暇・国際比較調査　2024年版」によると、日本で働く人の有給休暇の支給日数は年間平均が19日間（2023年）。そのうち年間平均12日間の有給休暇を取得していて、取得率は63パーセントだった。

この取得率は11地域の最下位で、これだけを見ると、日本人はやっぱり休暇を取れていない、と思える。

しかし、これは「有給休暇」の取得率に関してだ。ジェトロ（日本貿易振興機構）の2023年のデータによると、祝祭日数（17日）に限ればなんと世界トップ10に入っている。

日本は有給休暇以外に、祝祭日が多くあるのだ。そして「毎月、有給休暇を取得する人の割合」は、32パーセントと日本が世界一になる。

つまり日本人は、ヨーロッパ人のようにまとめて長期休暇を取るのではなく、毎月確実に休暇を取っている。そのためか、日本で働く人の56パーセントが、直近の休暇で「リフレッシュできた」と回答していて、これは11地域で最も高い割合だ。

また、「2023年　世界の労働時間国別ランキング・推移」（OECD）によれば、日本の平均労働時間は1611時間で45カ国中31位。世界的に見て、突出して労働時間が長いわけではない。むしろ健全なほうだ。

「データブック国際労働比較2024年」（JILPT）を見ると、1988年では2092時間だったのが、同年の改正労働基準法の施行を契機に、労働時間は着実に減少を続けている。

実際、エクスペディアのアンケートに答えた日本で働く47パーセントの人が、

【世界比較】休み不足を「感じていない」と回答した割合
（エクスペディア調べ）

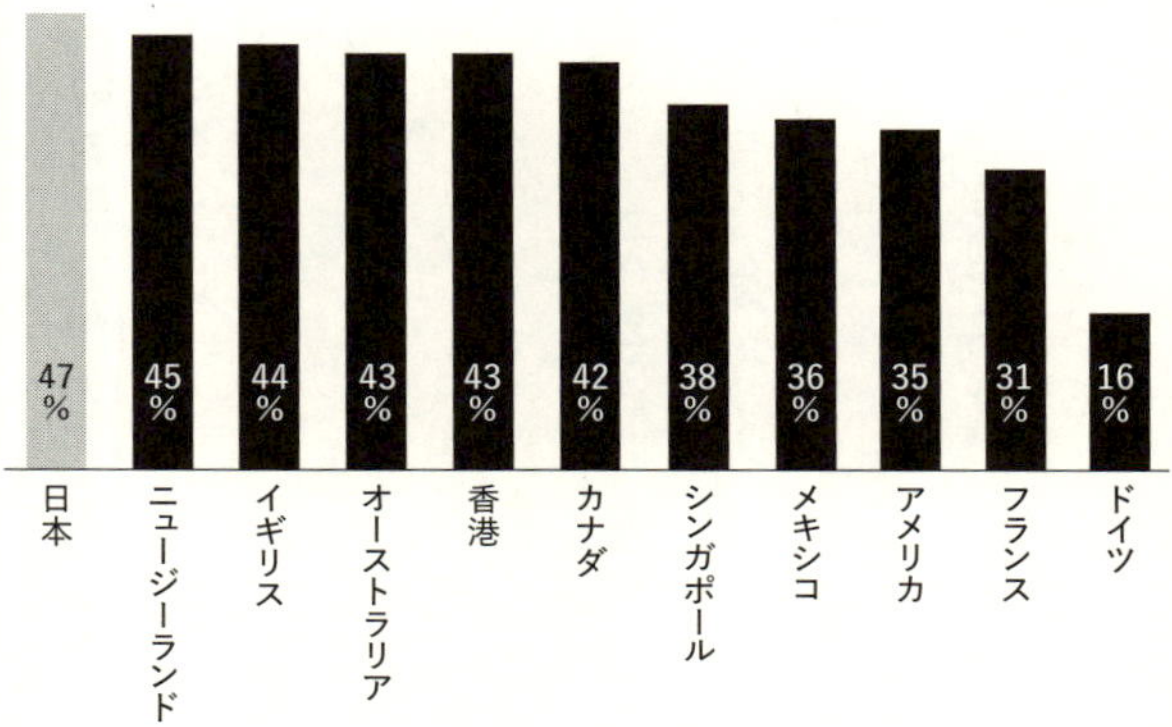

「休み不足を感じていない」と回答をしている（上図）。

それにもかかわらず、本書の冒頭のように「休めた感」を持てていない人が一定数いるのはどうしてだろうか。休暇の日数や労働時間を見れば、問題はなさそうだ。

しかし、２０２２年のエクスペディアのアンケート調査では、「休暇中に連絡を遮断するか」という質問に対しては、「しない」と回答した人の割合が日本は38パーセントと世界1位になっている。

他の地域を2倍以上引き離しており、まだ休暇に対する後ろめたさが伺える。

「もっと休みがほしい」ドイツ人とフランス人の本音

ワーク・ライフ・バランス先進国であるヨーロッパ流の休み方は、働く人びとの「お手本」という印象がある。

8月になると仕事を休み、ロング・バケーションに出かけてしまうらしい。「空いてるお店が少ないから、8月のヨーロッパ諸国への旅行は、避けたほうがいい」といったアドバイスを聞くたびに、そんなに休めるヨーロッパ人が羨《うらや》ましくなる。

さらにデンマークなど北欧を中心に、「週休3日制」の導入が広がっている。仕事の全体量を減らさず、「4日しっかり働いて、3日しっかり休もう」という取り組みだ（『デンマーク人はなぜ4時に帰っても成果を出せるのか』針貝有佳著、PHPビジネス新書）。

だが、データは真実を映す。

先述の「世界11地域有給休暇・国際比較調査　2024年版」の対象国であるドイツは29日の有給休暇に対し27日取得、同じくフランスが有給休暇31日に対し29日取得、とどちらも有給休暇日の数、そしてその取得率が異様に高い。

にもかかわらず、**「休み不足を感じていない」と回答した割合が低く、両国が下位の1位と2位を占めた。**

アメリカのビジネス雑誌『フォーチュン』が「ドイツ人とフランス人は年間30日以上の休暇があるのに、その半分の休みしかないアメリカ人と比べて、よりバケーション不足を感じている」という、やけに長いタイトルの記事を発表しているほどである。

日本人からすれば「この人たちはどれだけ休めば満足なのか」と呆《あき》れてしまいそうだ。

ともかく、ヨーロッパのデータからも、有給休暇がたくさんあってその取得率が高くなること自体が、「休めた感」と比例するわけではないということがわかる。

休暇が長ければ幸せになれるわけではない

宝くじで大金を当てた人が、お金の運用法を心得ていなかったために全額を失ってしまう、といった話を耳にしたことがあるだろう。

同じように、どれだけ休日が増えようが、「休息の仕方」をマスターしていなければ、時間を無駄に過ごすだけだ。それどころか、人生まで捨てる非劇を招いてしまうかもしれない。

現代において、お金の運用と同じくらい、いや、それ以上に「休み方」は豊かな人生を送るために欠かせないスキルなのだ。

富を得ればいずれその状態が当たり前になって、満足できなくなる。休暇も増えれば増えるほど、(ドイツ人やフランス人がそう思うように)もっとほしくなる。

バケーション不足を感じる人だらけになれば、企業の生産性が下がり、国力にも大きな影響を与えるだろう。はたして解決策は存在するのか。

ＵＣＬＡビジネススクールのキャシー・ホームズ教授もまた、ワーク・ライフ・バランスに悩む一人だった。

キャリアアップと子育てに忙殺《ぼうさつ》される日々を送る「時間貧乏」だった彼女は、仕事を辞めて、どこかの海辺でのんびりと過ごす「時間富豪」に憧れを抱いた。

そこで、キャシー教授は「もっと時間があれば、より幸せになれるのか」というテーマでリサーチを始めた。その結果は、アメリカでベストセラーになった『Happier Hour』（『「人生が充実する」時間のつかい方』松丸さとみ訳、翔泳社）にこう書かれている。

「自由な時間はなさすぎても、ありすぎても幸せを感じない」

休みが長ければ幸せになれる、とは限らない。これが彼女の結論だった。

リサーチの結果から、キャシー教授は「幸せを感じるのは、休日の長さではなく、いかに『インテンション（意図）』と『アテンション（注意）』を持って、時間を過ごすか、が鍵となっている」と、世界的講演会TEDで話している。

自由な時間の「量」ではなく「質」が幸せを決める。そのために、目の前にある時間をいかに「意識的」に過ごせるかがポイントになりそうだ。

子どもの頃、夏休みも終わりが近づくと、「早く学校に戻りたい」と新学期を待ち遠しく思わなかっただろうか。人によるかもしれないが、そういう感覚を抱いた人は、充実した夏休みを過ごせた証拠。幸福を享受《きょうじゅ》できているとも言える。

休日を増やすことが、ゆっくり休養できて、幸せも感じられるための条件ではない。

では、キャシー教授の主張する「インテンション（意図）」と「アテンション（注意）」を持って、どのように休日を過ごせば良いのだろうか。

客観的に見て「休み足りない」日本人、「休みすぎ」のヨーロッパ人、どちらのケースでも、リフレッシュしながら「休んだ感」を満たし、仕事と私生活を充実させる方法を探るために、舞台をアメリカに移そう。

日曜日になると山で過ごし、森を歩くアメリカのエリート

私の住むアメリカでは今、テックワーカーやビジネスエリートの間で、「休息力の向上」に意識が向けられている。

アメリカ人は日本人と比べて、休み上手なイメージがあるが、現実はそうでもない。驚くほど野心に燃え、呆れるほどワーカホリックな人が多い。前出のエクスペディア調査では「有給休暇12日に対して11日取得」と、他国に比べて特別多く休んでいるわけでもない。

しかし、**最近のアメリカ人は、意識して休日を過ごしている。**

アメリカの華やかなテック企業での突然の大量レイオフ（一時解雇）。そんなショッキングなニュースにも、だんだん慣れてきた。

「次は、自分の番だ」

誰もが、自分は例外だとは思っていない。自分がレイオフされなくても、その業界そのものが一晩で消えてなくなることさえありうる。この劇変するビジネスシーンの只中《ただなか》にいて、「安定」の2文字は存在しないことを、誰もが薄々気づいている。

それでも、毎日、目の前にある仕事を淡々とこなしていく。やることは山積みにあって、日々、慌《あわ》ただしく過ぎていく。でも、それだけではいけない、とも感じている。

目の前にある仕事をこなしているだけでは、時代に遅れをとってしまう。

そして、いつか自分のスキルは時代遅れになるか、アウトソーシングされるか、AI（人工知能）に代替されているかもしれない。自分の現状、そして将来への不安や悩みを、誰もが持っているのだ。

そんな彼らは、休日を迎えると何をしているのか——。

山に行き、森を歩き、自然の中で過ごす時間を意識して取る。

自然に触れることで得られる癒しの効果は、科学的に証明されている。しかし、その癒しの効果以外にも、彼らは何かを自然の中に求めているようだ。

心身を休めるだけではない。激変する世界に対応するために、いかにキャリアパスを見据えて、パフォーマンスを向上していけばいいのか、じっくりと戦略を練る。

忙しく、騒がしい日常から離れて、静かに自分を見つめ、激変する時代の波をうまく乗りこなす「自己鍛錬《たんれん》」に励《はげ》むように。

確実に言えることとして、彼らは、「毎月の定休日」を大事に過ごす日本人とも、ロング・バケーションを満喫するヨーロッパ人とも何かが違う「新時代の休み方」を実践している。

「時代に反応する人」から「時代を創る人」に変わるための本

こうしたトレンドを、私は身をもって納得できる。

アメリカのカリフォルニア州立大学で心理学、大学院で教育心理学を学んだ私は、フルコミッション制の不動産エージェントとして約12年働いたのち、ロス・パドレス国立森林公園内の山々に囲まれたプライベートコミュニティに移住した。

詳《くわ》しい経緯は本書で明かすとして、現在は山で「人間力」を回復するための活動を実践している。

私のようにキャリアチェンジして山で暮らす人や、週末にロサンゼルスの喧騒《けんそう》から逃れるために、山を訪れるビジネスパーソンにも数多く出会った。

そして、名だたる世界企業のテックワーカーやビジネスエリートたちが実践する休息法・休養法を細かく取材した。

そうした体験談や最新の文献を参照しながら、本書では、**日本で、いや世界各国どこにいても、どんな立場の人も気軽に実践できる「休み方」をご紹介したい。**

それは、ただの休み方ではない。不透明で不確実な将来に不安やとまどいを感じている人が、**自発的かつ積極的に生きるための「自分」を創るヒントにもなる。**

本書を通して、休日を「インテンション（意図）」と「アテンション（注意）」を持って、主体的に過ごすことができれば、「休めた感」の充実につながるはずだ。

そうして「休み上手」になったあなたは、次のような効果が得られるだろう。

・心身が休まり、ストレス耐性が高まる
・直感が冴《さ》えわたり、自分に自信がつく
・集中力が増し、仕事のパフォーマンスが向上する
・コミュニケーション力がアップして、大切な人との関係が深まる
・自分の軸が強固になり、「やりたいこと」を実現できる
・心の底から人生を楽しめて、幸せを感じるようになる
・新しいことを始める「勇気」が湧く

「世の中の情報が多過ぎて、何を信じて、何から取り組めばいいのかがわからない」

そんな焦《あせ》りを感じるあなたにとって、**本書が「リアクション（時代に反応する人）」から「プロアクション（時代を創る人）」に変わるための道標《みちしるべ》になれば幸いだ。**

ＡＩが人間の仕事をするようになり、多くの職種で労働がアウトソーシングされれば、労働時間は短くなっていく。それに対して、やみくもに不安になるのではなく、新たに生まれた時間を使って「自己実現」を目指せる可能性が広がったと受け取るべきであろう。

働き方が根本的に変わろうとする過渡期に生きている私たちは、より良く生きるために「思考のシフト」を迫られているのだ。

さて、本書の構成は次のとおり。

第1章では、時代をリードする理想的な働き場として、多くの企業の手本となるGoogle（以下、グーグル）の職場環境、そして、そこに働く人びとの現状を紹介する。

第2章で、アメリカで働くテックワーカーやエリートビジネスマンの、具体的な休日の過ごし方の例を挙げたい。

第3章では、デジタルデバイスをすぐに手にして、時間を浪費してしまう理由を心理学の観点から見ていき、根源からの解決法を見つけてほしい。

第4章では、日常、気軽に始められるマインドフルネス実践方法を紹介し、続く**第5章**では、自然の中で五感を使って自分を「バージョンアップ」する過ごし方を紹介する。

終章では、パフォーマンス向上に直結する「小さな習慣（ルーティン）」を52紹介する。１週間にひとつずつ、1年で合計52実践すれば、あなたの「休み方」は間違いなく変わる。気づいたときには、人生が１８０度好転しているはずだ。

もちろん、本書で紹介する手法をすべて実践する必要はない。何かひとつでも、気になったものがあれば「意識して」始めてみてほしい。

その小さな積み重ねが、「最高の人生」を創るのだから。

目次◉グーグル社員はなぜ日曜日に山で過ごすのか

はじめに　人生が180度変わる「新時代の休み方」……6

第1章 究極の問い「イキガイ」を持って働けているか？

ペットと出勤、フリースナック、卓球台……36
失敗に寛容な組織風土、ワクワクしながら仕事に励む社員……38
深夜3時に送られてきた「解雇メール」……42
休暇を「積極的」に取り入れ始めたビジネスパーソンたち……44

第2章

新事実！ビジネスエリートが休日にやっていること

自然の中に身を置いて、「人間力」を取り戻す！

——森、海、山に行くグーグル社員

自分がいて、仕事がある……50
喧嘩をしたら、大きく深呼吸……52
瞑想で「いま、ここ」に意識を向ける……56
月に最低12時間は自然の中で過ごす……58
サイドストーリー❶ **山や森が疲れた心身を癒してくれた**……60
クジラと泳いだ経験が「執筆のアイデア」に変わった……62

□都会から山奥へ移住を決めたエリートビジネスパーソンの本音
——人間関係を改善したい人、夢を追う人……

脳を休めるために森へ行く …… 64
「ひとりで暮らしていても、寂しくない」 …… 67
ルーティン（毎日の繰り返し）から離れる勇気を持つ …… 68

□あえて不便、不自由さに身を置く
——「深い遊び」がストレス解消に

「しんどい経験」が脳に与える好影響 …… 72
ソロキャンプで「直感力」を鍛える …… 74
過酷なトレイルランの末に見えた絶景 …… 76
「自然の中を走ると、仕事の悩みが軽減される」 …… 79
ただ休むだけでは「休息」にならない …… 81
オーダーメイドの成功を探し求める人たち …… 83

第3章 いますぐできる！忙しいビジネスパーソンのための「デジタルデトックス」

「休めた感」とデジタルの関係性
――なぜスマホを触ってしまうのか

「スマホ断ち」を目的とした施設……88
スマホとの適切な距離感はどれくらい？……91
アルコール依存と同じ症状……92
テクノロジーは私たちの考え、行動を操っている……96
「投資の神様」がガラケーを愛用していた理由……99
着信を示す「！」のアイコンはなぜ赤なのか……102

開発者ですら、子どもにテクノロジーを使わせない……105

いざ、デジタルマインドフルネスの実践
――スマホから距離を置く「仕組みづくり」

「スマホ断捨離」7つの習慣……107
なぜメールやSNSの「即レス」はいけないのか……111
「おかしい」と思う要求に境界線を引け！……114
サイドストーリー② 他人の生活と比べてしまう病……116

創造的な営みに時間を使おう！
――毎日10分、「小さな幸せ」を繰り返す

「ずっとやりたかったことを、やりなさい」……118
いまのあなたに必要なメッセージや人と出合える……122
イーロン・マスクが睡眠を最重視するワケ……123
「たった10分」幸せを感じる時間を優先する……126

第4章

「直感力」を磨け！瞑想、マインドフルネスを日常に取り入れる

❏なぜビジネスの成功者たちは瞑想をするのか
――ガンジー、ダ・ヴィンチ、大谷翔平……「潜在能力の引き出し方」 130

全世界に衝撃を与えた「ジョブズの瞑想」 133

「マズローの欲求5段階説」の誤解 137

「自分がいま、強く感じている欲求」を自覚する 139

カオス状態でも落ち着いていられる 141

サイドストーリー③ **瞑想の隠れた効果** 141

❏マインドフルネスな習慣を実践しよう
――目的に応じて瞑想を使い分ける
グーグル社員が実践するマインドフルネス瞑想……144
時間がなくても、まずやってみる……147
ハカラウ瞑想で、周辺視野を鍛え、意識を広げる……150
夕日を眺めるのと同じ効果……152
満員電車の中でストレスを和らげる……154
庭園散策も立派なメディテーション……155
五感を使ってお茶やコーヒーを淹れる……156
出勤前は、熱い（冷たい）シャワーを浴びる……158

❏オープンマインドが仕事力を高める
――先行きが読めない時代の必須スキル
「もはや不要なものは手放せ」……161
鋼でなく水のように、大木ではなく柳のように生きろ……164

心身が整い、プレゼンでも動じない……166

第5章

科学的に正しい！活力とアイデアが湧いてくる「自然での過ごし方」

人生と自然の「切っても切れない関係」
——現代の都市はノイズが多すぎる

宇宙の歴史を想像しよう……170

現在は、大みそかの午後11時59分59秒……173

☐ 自然の中を歩けば、五感も脳も休まる

――意外に知らない「人間の驚くべき機能」

❶視覚　人間は「見たいもの」しか目に入ってこない……178
サイドストーリー④　**いますぐ「運のいい人」になる方法**……182
❷聴覚　「ゆらぎ」がリラックス効果に……185
❸嗅覚　瞬時に集中力が高まる「香りの力」……187
❹触覚　「裸足」で地球の波動とつながり、健康に生きる……190
❺味覚　「野草探し」で、自然の恵みをいただく……192

☐ いますぐ始めたい「科学的に正しい休み方」

――「ひとりの時間」を最大活用してパフォーマンスにつなげる

植物とのつながりに感謝しながら深呼吸をする……195
目標は、週に120分の自然滞在……198
リラックスした脳でこそ「ひらめき」が生まれる……199
休憩時間になったら、あえて「ぼんやり」過ごす……203

「孤独」と「退屈」に向き合う時間が強い自分を作る……206
「ひとりの時間」に何をするか……208
30分早く起きて「ひとり」になる……209
毎日の散歩で「小さな驚き」を見つける……210
成長を求める機会は、シリコンバレーから自然へ……213

終章

月曜日が待ち遠しい！自然にかえりパワーみなぎる「小さな習慣52」

身体を使う・動かす・癒す・休める……216
人・動物・草木とつながる……218

自然と遊ぶ……220
初心に戻る（ビギナーズマインド）……223
オウ（驚き）体験をする……225

おわりに……227

本文デザイン・組版 石澤義裕
企画協力 ブックオリティ
編集 大隅元（ＰＨＰ研究所）

第1章

究極の問い
「イキガイ」を持って
働けているか？

ペットと出勤、フリースナック、卓球台……

「私、グーグルで働いているの」
誰かがそう口にすれば、たちまち「えー、すごい」「羨ましい！」と返ってくる。そんな光景を何回も見てきた。数年前までは――。

グーグルプレックスの愛称で知られるグーグル本社に行くと、青、赤、黄、緑色のカラフルな看板が目に飛び込んでくる。カリフォルニア自慢のナチュラルな太陽光をめいっぱい取り込める多数の窓が建物の目印《シンボル》だ。

グーグルでは、その時の気分で、仕事をする場所を自由に選ぶことができる。カジュアルな服装をしたワーカーたちが、豊かな自然に満ちた敷地内をスクーターや自転車に乗って駆け抜ける。

中庭に出ると、寝転がってオンライン会議をしている者、サンドイッチを片手にブレストするチームの姿もちらほら見える。

仕事に疲れたら、滑り台やボーリング場、バレーボールコート、ゲームセンターで息抜きも存分にできる。パワーナップ（昼寝）が必要ならば、仮眠室も設備されている。疲れた人は、フリーマッサージもどうぞ。

食事は数十箇所あるレストランでビュッフェスタイルのバラエティ豊かな食べ物が用意され、スナックやスムージー、コーヒー、カプチーノ、ラテは飲み放題。

職場にペットを連れてきてもいい。家で留守番しているペットを心配して、そわそわすることもない。

グーグル本社（著者撮影）

ネクタイやワイシャツを着用する義務はなく、各々が心地良く仕事に取り組めると思う服装で出社する。

着る服、食べるもの、愛するペットや子ども、そのうえボス（上司）の存在に気を遣わなくてもいい。心地良い気分や安心感を優先しながら、仕事に集中できる環境が用意されている。

世界中から優秀な社員を雇い、最高のパフォーマンスをしてもらい、一方で、他社に引き抜かれないように、グーグルは、これでもかというほど魅力的な職場環境を社員に提供し続けている。

失敗に寛容な組織風土、ワクワクしながら仕事に励む社員

こうしたイノベーティブな環境は、物質的な要素にとどまらない。

グーグルが提供する「ＳＩＹ（サーチ・インサイド・ユアセルフ）」は、世界中で注目されている。

「ＳＩＹ」は、マインドフルネスをベースにした、ＥＱ（心の知能指数）を伸ばし、社員の個性とリーダーシップを開花させる能力開発プログラムだ。

グーグルでは、社員が自分の頭で考え、自ら創造する姿勢を求めている。革新的で新しいアイデアの源泉にあるのは、リスクに怯《おび》えない心だ。失敗を恐れて挑戦しなければ、たちまちイノベーションの種は消えてしまうからだ。

積極的にリスクを取りにいく人材を育てるために、社員には心理的な安全が保障されている。たとえ失敗に終わったプロジェクトでも、リスクを取りに行った結果であれば、個人が責められることはない。

チーム内で失敗を共有して、どこに問題があったのか、どう改善できるのかをみんなで話し合うのだ。**一人に責任を負わせたりはしない。**

ダイバーシティ（多様性）やインクルージョン（包括、受容）といった、バックグラウンドや価値観が違う人を受け入れ、尊重することも、イノベーションを起こすために欠かせない要素だ。

グーグルでは、隠し事なくオープンで正直なコミュニケーションが奨励《しょうれい》され、上司に対してもはっきりと自分の意見を言えるような心理的に安全な環境が用意されている。

そして、従業員のウェルビーイングとワーク・ライフ・バランスを考慮したフレキシブルな労働環境が認められているから、いつ・どこで・どう働くかは社員の裁量に任される。

育児休暇の充実は言うまでもない。24週間の産休と18週間のベイビーボンディング（新生児と親の結びつきを奨励するための休日）に加え、8週間の育児休暇が認められている。

よく知られているが、グーグルでは労働時間の20パーセントを、自分の仕事以外の興味あるプロジェクトに取り組むことを支援している。イノベーションを重視する企業ならではの試みだ。Gメールやグーグルマップは、このプロジェクトから生まれた一例である。

さらに、「世界中の情報を整理し、世界中の人びとがアクセスして使えるようにすること」というミッションが、社員のチャレンジを後押しする。

「ドント・ビー・イーブル（Don't be evil. 邪悪であるな）」のバリューも、誠実な仕事の遂行に拍車をかける。

グーグル社員たちはそれぞれ「私は大きな目標を達成する団体の一員だ」という自覚を持ちながら、全米ベストセラーにもなり（『IKIGAI』ヘクター・ガルシア著）、「スシ」「カラオケ」と並び立派な国際語となった「イキガイ」を持って働いている。

ワクワクする職場環境に加え、働く時間も場所も自分で選べる。そのうえ、「受け入れられている」という心の安心も得られながら大きなミッションをシェアし、「イキガイ」を感じられる。

これらこそが、グーグルが「ベストな働き場」に選ばれ続けてきた理由なのだ。

深夜3時に送られてきた「解雇メール」

「一握りの超人だけが働ける職場のことなんて、自分には関係ない」

そう思われるかもしれない。

私がここでグーグルを紹介したのには、ワケがある。

「グーグルの働き場」には、私たちが直面するであろう課題を解決するために欠かせない重要なヒントが詰まっているからだ。

2023年にグーグルが1万2000人以上の従業員をレイオフしたニュースを知っているだろうか？

それは「深夜3時に1通のメールで通知された」と伝えられ、グーグルで働く知人も、ニュースを知った一般人も驚きを隠せなかった。

＊グーグルの名誉のために伝えておこう。レイオフの60日前には書面にて通知しなくてはいけない、というカリフォルニア州のWARN法に従い、レイオフされた従業員に

は、その日からの60日分の給料に加え、カリフォルニアでは義務付けられていない退職金として最低でも16週間の給料（プラス、勤務1年ごとに2週間の給料）、そして、6ヶ月間の健康保険、未消化分の有給休暇も支給された。

２０２４年1月には、新たに１０００以上のポジションを対象にした解雇が決定。スンダー・ピチャイCEOの「２０２４年を通して、もっとレイオフを見込んでいる」という言葉通り、４月の終わりには、組織のコア人材やいくつかのプロジェクトチーム、有能なエンジニアなど、少なくとも２００人がレイオフされた。

残った従業員にも、戸惑いは隠せない。昨日まで一緒に働いていた同僚やマネージャーが、別れを告げることなく、突然いなくなったのだから。

「次は、自分がクビになるのではないか」という不安に怯えながら働く日々。朝一番に開くメールで知らされるかもしれないし、ＩＤカードが突然使えなくなって「アクセス不可」という表示で「悲報」を通告されるかもしれない。

無言のプレッシャーに耐えられず、メンタルダウンする者もいた。

たった1通のメールによって、カラフルな職場にあるビーンバッグチェアや滑り台のイメージも、社員の可能性を引き出す「SIY」プログラムも、素晴らしいバリュー「ドント・ビー・イーブル（邪悪であるな）」も、ただの綺麗ごとにしか感じられなくなった。

皆の憧れだった「ベストな働き場」が、もろくはかなくも崩れ去ってしまったのだ。

「グーグルは社員の幸せを考えているようで、企業の利益を優先しているだけじゃないか」

「いち社員より、株主が大切なんだな」

そんな声が世界中から聞こえてくるようだった。

休暇を「積極的」に取り入れ始めたビジネスパーソンたち

ことわっておくが、本書の目的は、読者を暗い気持ちにさせることではない。むしろ逆だ。**どん底状態にいるグーグル社員たちが、この激動の時代にどう対応しているか、を伝えたい。**

彼らは、直面した悲劇に打ちひしがれてなんかいない。それは無駄な時間だと悟ったからだ。

夢のような職場や労働条件が必ずしも自分を幸せにしてくれるものではない。大学を出ていい会社に入社しても、新たな時代の波が押し寄せれば、たちまち身に付けたスキルは古びてしまう。あるいは、自分たちの仕事がアウトソーシングされてしまう。

そんな「現実」を目の当《ま》たりにした彼らは、これからの世界を見据えて、自らをどのようにアップデートできるか、ひたすら考え抜き、変革に取り組んでいる。

それは、グーグル社員だけではない。大きな組織で働くビジネスパーソン、スタートアップ会社の経営者、ビジネスオーナー……、誰だって、この激動する世界で生き抜く術《すべ》を自分の手で探していかなくてはいけない。そんな時代だ。

「いままでの価値観ややり方では、これからの時代に対応できない」
「大企業にいても、安定は保証されない」
「会社の中で昇格をねらうキャリアプランだけでは、将来危ういのではないか」
「どんな状況に置かれても、自分を信じ続けるしかない」
「働くだけでなく、自分の人生を充実させて、『イキガイ』を感じたい」

そういった感情が沸々《ふつふつ》と湧きあがってきたビジネスエリートたちが、「フューチャー・プルーフ」すなわち、先の見えない将来に翻弄《ほんろう》されるのではなく、**何が起きても大丈夫な自分を創るために、休暇を「積極的」に取り入れ始めたのだ。**

彼らは貴重な休日を睡眠にあてたりはしない。
最低限の睡眠は確保するものの、疲れを回復し、ストレスを発散するといった「消極的」な使い方をしないのだ。休日を「積極的」に過ごすことで、ひたすらに自身のバージョンアップを図っている。

休暇の過ごし方は千差万別だが、どうやらアメリカのビジネスエリートの多くは、山で過ごしたり、積極的に自然に触れたりしていることがわかってきた。

休みになるといったい何を求めて、彼らは山や森へ向かうのだろうか。そこで、どう過ごし、何を考え、どのような行動に移しているのだろうか。

次章からいよいよ具体的な「休み方」にフォーカスしていく。

積極的に休日を過ごすビジネスエリートたちの行動様式から、「理想の休息」を実現するためのヒントを見つけ出してほしい。

第2章

新事実！ビジネスエリートが休日にやっていること

自然の中に身を置いて、「人間力」を取り戻す！

――森、海、山に行くグーグル社員

自分がいて、仕事がある

私たちは日々、ストレスを抱えながら働いている。

出社をすれば、厳しいデッドラインの死守に努め、リソース（人手）不足、しょうもない社内政治、同僚同士のいざこざ、上司のハラスメントに巻き込まれながら会社が求める成果を出さなくてはいけない。

一方で、「生産性を求める働き方」「利益第一の企業のあり方」などに疑問を抱いて、自分の価値観と生活の安定とのあいだで揺れ動く。

「仕事は私のアイデンティティではない。自分はいったい何を大切にしていて、何ができるのか。何が必要とされる時代を迎えるのか。では、チャンスはどこにあるのか」

グーグルをはじめとする大手テック企業に勤めているビジネスエリートたちは、そんな問いを頭に置きながら、「自然」の中で自分の役割を脱ぎ捨て自己を見つめる。

彼らは仕事上の役割より先に、「どういう自分でありたいのか」をとことん考え抜く。自分自身の価値観やライフスタイルを固めた後に、どんな仕事をして、どう働くかを考える。

「仕事があって、自分がいる」ではなく、「自分がいて、仕事がある」からストレスなく働けるのだ。

「自分にとって、何がいちばん大切なのだろうか」

そんな問いを頭に巡らせ、週末、自然の中に身を置き自分の時間を過ごす人や、計画を立てて長めの休暇を取り「内省の旅」をする人もいる。

本章では、実際にグーグル社員をはじめとするエリートビジネスパーソンから聞いた「自然の中での過ごし方」を紹介しよう。

働き方と生き方を変えるヒント1

あなたがいちばん大切にしていることは何か？

喧嘩をしたら、大きく深呼吸

電子系エンジニアとしてグーグルで働く50代のラルフは、妻と一緒にカリフォルニアのベイエリアに住む。

週に2日だけオフィスに出勤する以外は、自宅やレストラン、カフェでリモートワークに励む。空いた時間は、妻が経営するメキシカンレストランを手伝う。

自分のための時間を確保するのは難しいが、それは仕方ないと割り切っている。いまは、リタイア後に暮らしていけるだけの十分なお金を貯める。それがラルフのプライオリティだ。

給料の一部を投資し、残りはソフトウェアの開発につぎ込む。将来、そのソフトウェアを売却したら、自分は会社を設立し開発をサポートする側に回る。

老後はのんびりと、妻とレストランを営んでいたい。そのゴールに向かって、夫婦で力を合わせながら多忙な日々を過ごしている。

ラルフにとって、時間管理は生きていくうえで最も大切なスキルだ。

もちろん、いつも上機嫌でいられることはない。クライアントとのあいだでトラブルが生じるときもあれば、コーヒーカップをテーブルに置いたままにして、妻と口喧嘩する日だってある。

そんな日は、昼休みなどを使いミニゴルフやピックルボール（バドミントンコートと同じ広さのコートで板状のパドルを使い、穴あきのボールを打ち合うスポーツ）で頭の中を空っぽにする。

タイミングよくスポーツができればラッキーだが、たいていは朝から晩までタスク漬けだ。

それでも欠かさない毎日のルーティンがある。家の近くの森を散歩中に、ときおり立ち止まっては目を閉じて深呼吸をする。

これは、頭をクリアにして、集中力を高める呼吸法（ブレスワーク）として知られている。ラルフにとって、心の平和がもたらされる大切な時間だ。

「自分にとって、何がいちばん大切なのだろうか」

そう自問しながら、思考や感情を整えていく。ラルフにとっては、できるだけスポーツをする時間を作ること、そして、妻と協力しながらレストランビジネスを成功させることが大切だ。

大きく深呼吸をしながら、それを確認すると、人生のモットー「置かれた場所で、一生懸命に生きる」をゆっくりと口ずさむ。

まるで、最澄《さいちょう》の名言「一隅《いちぐう》を照らす」である。

最後に、「自分の使命」を確認する。

ラルフの使命は、自分の助けを必要とする人に力を貸すこと。「自分にしてあげられることは何もない」という言葉は彼の辞書には存在しない。

「自分の力で、周りをハッピーにさせられる」。そう祈りながら森を後にする。

困難に直面しても「自分の使命」に意味を見出せたら、たちまち不安は消える。

思考、感情、祈り、といった「人間力」が、自分が理想とする世界を創り出すのだ、と彼は言う。

森に行くと、人が変わったかのように心が穏やかになる。

そう語るラルフの表情には、自信が満ち溢《あふ》れていた。

働き方と生き方を変えるヒント２

「人生のモットー」と「使命」について考える

瞑想で「いま、ここ」に意識を向ける

ダグラスもまた、グーグルでハードウェアを開発するシニア・エンジニアだ。50代も後半に突入し、次第に「引き際」を意識して働くようになった。

ダグラスにとっての〝気がかり〟は、お金と国。アメリカの政治がどうなるか、それにより老後の生活がどうなるのかという不安を抱えながら生活をしている。


彼には明確な「夢」があった。

5年以内にリタイアして、コスタリカの海辺で悠々自適《ゆうゆうじてき》に過ごすことだ。そのために、いまは貯蓄に励み、不動産投資にも資産を振り向けている。

「将来の目標のために準備をしていることは?」という問いに対して、「25年間も働いてしまった。それによってもたらされたハチャメチャな生活を整理整頓することだ」と答えてくれた。

働きすぎで生じた歪みを矯正する。


これが、ダグラスにとってのプライオリティだった。

だからダグラスは意識して、日々の仕事や雑務やあらゆる責任から離れ、集中できる環境に身を置くようにしている。

自分自身について、そして自分の周りで起きていることを冷静に把握するために「マインドフルネス瞑想」は欠かせないルーティンだ。

「いま、ここ」に意識を向ける。

ただ目の前のことに集中する。

瞑想の具体的な方法論は第4章で紹介するが、マインドフルネスを得るために一日中坐禅を組んでいるのではない。

森や山に行き時間をかけて散歩をしたり、シンプルな食事をしたり、ヨガをする。

これらもまた立派なマインドフルネスの一種であり、瞑想と同じ効果が得られる。

マインドフルネスの効用は、エネルギーが増えるだけでなく、頭の中もスッキリして、物事が明確に見える。

情報が溢れかえる世の中でも、「自分にとって、いま何が大切なのか」を考える時間を持てて、より良い選択ができるようになるらしい。

終わることのないＴｏＤｏリスト。そして、気がつくと、毎日、自分を充電する暇もなく過ぎていく。マインドフルネスの生活で充電できたバッテリーは、その後数ヶ月間、彼のイキガイを満たしてくれる。

月に最低12時間は自然の中で過ごす

ダグラスにとって「ひとりになる時間」は、とても大切だ。

パートナーから理解を得ながら、一日のうち1、2時間、自分だけの時間にどっぷりひたる。山に行けばスキー、海に行けばサーフィン。ダンスをしたり歌ったり、クッキングをしたり。

月に最低12時間は自然の中で過ごす。

休日に山や海の自然の中にいると、気持ちが落ち着き、空の美しさに心が奪われる。そうしていくうちに、自分らしさを取り戻すことができる。

心身がリラックスして、情報や周囲の雑音、自分の頭の中の雑音が静まるときに、アイデアが浮かび、インスピレーションを得ることができるという。

早朝からサーフィンを何本も乗りこなしていたタイミングで、煮詰まっていた開発構想を思いついたときには、感動して鳥肌が立った。

さて、そんなダグラスのモットーは、〝Be Better, every day（日々、より良い自分でいなさい）〟である。そのためにも、人から離れ、ひとりになる時間がなにより大切なのだ。

働き方と生き方を変えるヒント３

将来の目標を達成するための準備を始める

サイドストーリー❶

山や森が疲れた心身を癒してくれた

すっかり遅れてしまったが、ここで簡単な自己紹介を挟ませていただく。

アメリカのカリフォルニア州立大学で心理学、大学院で教育心理学を学んだ私は、幼児教育に実践の場を移しロサンゼルスの幼稚園で働き、その後アメリカ人と結婚。3人の子育てと仕事を両立するために、フルコミッション制の不動産エージェントとして、12年働いた経験がある。

このときすでに、私の精神状態は限界を超えていた。

アメリカでは子どもの登下校をはじめ、友だちの家に遊びに行ったり、習い事など一日に何度も車で送迎しなくてはいけない。

「営業なら時間に自由が効く」と思ったが、現実は甘くなかった。

勤務時間が自由だから、夕方、そして真夜中、休日までも働いてしまう。仕事と子育てのワーク・ライフ・バランスを保つのに必死で、疲れ切っていた。

子育ても終わったので離婚を機に、ロス・パドレス国立森林公園内にある山々に囲まれた、プライベートコミュニティに移住し現在に至る。

いま振り返ると、身も心もバーンアウトしかけていた私は、山に癒しを求めたのかもしれない。

山や森は、癒しだけでなく、自分軸を取り戻し、本当に大切なことに気づかせてくれた。

本書を通じて、自然の持つ偉大な力をひとりでも多くの読者に知っていただきたい。それでは続きをどうぞ。

クジラと泳いだ経験が「執筆のアイデア」に変わった

サラは広告企画の仕事に就く、40代のチームリーダーだ。定例会議と部下との1オン1のために週4日出勤する。

将来への不安は、お金と健康。

だから、健康のためのエクササイズや睡眠の充実をはかり、お金の管理を怠《おこた》らない。同時に「自分をいたわる時間」を大切にする。心身の健康のために、ヨガのリトリートにも参加する。

「自分にとって意味がある、と思えることをする」

それが、人生のプライオリティだ。5年後には、自分の本を出版して、地元の書店でサイン会を開きたいという夢がある。

そんな彼女にとって、ひとりになる時間はとても大切だ。ぼんやり本の構想を考えたり、思いつくまま文章を書いたりしている。

ラルフやダグラスと同様に、サラもまた自然の中に身を置く時間を大切にする。**森の中を自転車で駆け抜けたり、近くの山をハイキングしたりすると、自分の立場をより広い視野で見たり、将来の見通しが立ちやすくなる**という。

クジラの群れと泳いだことがある。その経験は、執筆を支えるインスピレーションの源泉となった。

自分が選んだことにこそ、イキガイを感じ、自分とつながっている実感が得られている。もしも自分がイキガイと感じていないことを期待されて、仕方なくそれをやっているとしたら、それは「人生の失敗」になるらしい。

サラのモットーは、〝Keep learning（学び続けなさい）〟。

読書、執筆、サイクリング、ダンスは学び続けるのに欠かせない日課だ。忙しさの中、つい後回しにならないように、優先してスケジュールに組み込んでいる。

働き方と生き方を変えるヒント4

一日1回、「自分をいたわる時間」を作る

都会から山奥へ移住を決めたエリートビジネスパーソンの本音

――人間関係を改善したい人、夢を追う人……

脳を休めるために森へ行く

ここまで、仕事と人生の境界線に悩み、それを克服した3人の例を紹介した。立場や境遇が違えども、共通しているのは、自分の時間を大切にしていること。そして、そのために自然の中に身を置く時間を意識的に作っていることだ。

続いて紹介するアンドリューは、過酷な労働環境下にいながら、思い切って自然に飛び込んだビジネスパーソン。溢れる情報や人間関係から距離をおいて、スローダウン、シンプルさの中で自己と向き合っている。

いったい何が彼を突き動かしたのか――。

アンドリューは、カリフォルニア州のある企業で医療システムを開発・管理している。

パンデミックを機に、「リモートワークになったから、自分の住みたい場所で暮らそう」と思い立ち、ベイエリアから山へ居住地を移した。車で５時間離れたオフィスには、月に２、３日だけ行けばいい。

フルタイムで働くかたわら、サイドビジネスで自然環境に配慮した新エンジンの開発にも携《たずさ》わる。「商品化が現実になれば、地球の環境保全に貢献できるんだ」と目を輝かせて語ってくれた。さらに、ＭＢＡを持つ彼は、ビジネスコンサルタントとしても活躍している。

とにかく働きまくる毎日だが、不思議とストレスはないそうだ。なぜなら、**近くに自然があるから。集中力を要するハード作業の後は、脳を休めるために森へ行く。**

また、複数の仕事を同時にこなすため、朝の時間を有効に使う。

夜が明けてまだ外が静かなうちに、大切な仕事や、創造性を必要とする仕事を片づける。簡単な朝食を済ませたら、犬と近くの森を散歩する。

「月に最低20時間は自然の中で過ごす」という彼は、ハイキングをしたり、写真を撮ったりするのが趣味だ。もう少し余裕が生まれたら、オフロードのバイクも始めたいと語る。

セルフリアリゼーション・フェローシップというスピリチュアルコミュニティにも所属している彼にとって、**自然の中で過ごす時間は、自分がこの世界でどんな貢献ができるのかを内省する時間でもある。**

一日1回の瞑想も欠かせない。

瞑想は集中力やエネルギーを高め、忙しい一日に平和をもたらしてくれる。質の高い睡眠を得るのにも役立っているそうだ。

離婚を経験し、愛犬と暮らす彼はいま、ひとりの時間を気兼ねなく持てている。

「モーニング・ページ」という第3章で紹介するジャーナルをつけたり、読書、ドキュメンタリー鑑賞、モーターサイクルに乗ったりする時間の中で、仕事の疲れから回復し、さらにエネルギーやインスピレーションを得ている。

「ひとりで暮らしていても、寂しくない」

都会から山奥に移り住み、人と交わる機会も激減した。それでいいのか、という指摘はもっともだ。

だが、ひとりで暮らしていても、まったく孤独な気持ちにはならない。テクノロジーのおかげで、仕事仲間とはオンラインでつながれる。また、**地元のコミュニティでボランティア活動を通して、地域の人たちとの交流も増えた。**なにより、「自分の使命」を果たすために活動していれば、寂しさを感じる余裕はないという。

アンドリューは「世界をより良い場所として、後の世代に残す」というライフミッションに従い、いくつもの仕事を掛け持ちしているので、充実感はあっても、疲れは感じない。そんな彼を見て、「孤独な人」と揶揄《やゆ》する者がどこにいるだろうか。

先述したエンジンの製品化を果たしたら、余生は家族や親しい友人たちとリラックスして、ゆっくり過ごしたいと思っている。

「あと5年はかかるかな」とはにかむアンドリューの表情からは充実感が漂っていた。

働き方と生き方を変えるヒント5

心を燃やせるライフミッションを見つける

ルーティン（毎日の繰り返し）から離れる勇気を持つ

アンドリューのように安定した都会の暮らしを捨てて、地方に移住するビジネスパーソンは決して少なくない。

毎日、同じことを繰り返すのは精神的にはラクだろう。

だが、**あえてコンフォート（快適）ゾーンを広げてみよう。そうすると、どんなに予想外のことが起きても、労働環境が変化しても、戸惑わずに対応できる自信がつく。**

続いて紹介する2人はそれを見事に実践した。

30代のブライアンは、2つ以上のフルタイムの仕事をかけ持ちする「オーバーエンプロイメント」だ。リモートワークを活用して3つのフルタイムの仕事をこなすが、雇用主はそのことを知らない。

「先行きが見えない社会で、いつ解雇されるかわからないから」

稼げるだけ稼いで、不動産投資、そしてソーシャルメディアからのパッシブインカム（不労所得）で暮らしていく。それが将来の構想である。

生活習慣ははっきり言って、めちゃくちゃだ。私生活の充実もないし、健康にも良くないし、大切な人との関係も育《はぐく》めていない。

この状態をいつまでも続ける気はないし、できるとも思っていない。「3年続けばいい」そうで、その後は、家族と静かな場所で暮らすつもりだと語っていた。そのために、いまは身を粉《こ》にして働き続けているのだ。

アメリカン・ドリームは、ビジネスエリートだけのものではない。問題も多いが、それでも、野心を持って頑張る人には誰にでもチャンスが開かれているのが、アメリカという国の特徴なのだ。

もうひとり、私の知り合いのジョージは、長年、レストランチェーン店に勤めケーキを作っていた。

エルサルバドル出身の彼は「いつかは自分のお店を持ちたい」という夢を抱き続け、仕事で得た資金を元手にして、現在は、私が暮らす山の上で小さなパン屋を経営している。

夢を実現した彼にとって、毎朝4時前に起きてパンを作ることは、まったく苦にならない。楽しくて仕方ないのだ。

お客様の要望に応えて少しずつメニューを増やすこともあれば、雪が積もると、山道を運転できない住民の自宅まで商品を配送する。レストランが片手で数えるほどしかない小さな山の中では、彼のパン屋は住民にとってなくてはならない存在だ。**みんなが彼の焼くパンを楽しみにしている。そして、みんなに喜んでもらっているジョージも、イキガイを感じている。**

もちろん、頑張れば頑張るほど、金銭的な報酬は付いて回る。ようやく最近は生活が安定してきたという。

チャンスが巡ってきたときに、ジョージが躊躇《ちゅうちょ》せず行動に移せたのは、その日のためにしっかり貯金をしていたことも大きい。

将来夢を叶えるために、割り切って、資金作りに励む時期も長い人生において必要なのだ。

働き方と生き方を変えるヒント6

思い切ってコンフォートゾーンを広げてみる

あえて不便、不自由さに身を置く

――「深い遊び」がストレス解消に

「しんどい経験」が脳に与える好影響

仕事のかたわら、自然に触れている人たちの話を聞いていて気づいたのは、**彼らがストレスを敵視していないということだ。**

都会で暮らすように物がすぐに手に入れられるわけではないし、どこに行くにもアクセスが悪い。冬になれば雪で閉じ込められるし、天候も読めない。とにかく不便な環境下で過ごさなければならない。

当然、ストレスを感じてもおかしくないのだが、彼らはその悪環境を楽しんでいるようにさえ見える。「自分がやりたくないこと」をさせられるときには、耐え難《がた》いストレスを感じるが、自ら選び、意味をもってしていることに対するストレスは、むしろ歓迎しているくらいだ。

そもそも、**ストレスは決してネガティブな側面ばかりではない。**

適度なストレスは認識力やメンタルヘルスの向上に寄与することは、数々のリサーチ結果からも明らかになっている。

また、一度ストレスを受け入れていると脳に好影響を与える。記憶を司《つかさど》る海馬《かいば》に、「ストレスを克服した」という良いストーリーが作られ、肯定的なドーパミン、やる気を出す神経伝達物質が分泌される。

その意味では、何でも満たされる生活は、何も生み出さない環境だとも言えるのだ。

働き方と生き方を変えるヒント7

不便な環境を楽しむ

ソロキャンプで「直感力」を鍛える

私が知るビジネスパーソンのなかには、「ビジョン・クエスト」や鹿狩り、ソロキャンプに出かける人もいる。

ビジョン・クエストはもともと、アメリカ原住民が行なっていた伝統的な通過儀礼である。

ある年齢に達した子が人里から離れた深山の中で断食をしながら、未来に向けた「夢」を見るというもの。その儀式的行事を現代風にアレンジして、自分の内面を探究していく密度の濃いプログラムが用意されている。

失業や転職、大切な人との別離、といった人生の転機に立ったとき、ビジョン・クエストを通して自己を見つめ直し、新たな一歩を踏み出す。

「誰かの声が聞こえて、いきなり私は変わってしまった」などといったスピリチュアルな儀式ではなく、外界の雑音から離れ、ひとり静かに、自然の支えを得ながら自分を見つける作業なのだ。

携帯電話や他のいろんな娯楽がなく、対話する人もいない。自然の中にただひとりだけ存在する。自分を見つめるには、最高の環境ではないだろうか。

普段、当たり前のようにある住まいや食べ物がそこにはない。日が暮れると、動物の鳴き声に怯える。寒さ、暑さを凌《しの》ぎ、空腹に耐える。身体も心もその強さを試され、自分の内にある強さを発見する。小鳥のさえずりに癒され、岩の割れ目に咲く小さな花に勇気をもらう。星空の美しさに見惚れることもあるだろう。

こうしたビジョン・クエストを経て、これからはじまる新たな人生の旅路に向けて心の準備をする。

長い休みが取れないという人には、ソロキャンプがおすすめだ。ビジョン・クエストと同じ効果が得られ、自然の中で自己を見つめることができる。

普段慣れている便利さを捨てて「不便さ」を感じることで、人間が本来もつ直感力

や生存本能を鍛《きた》え、バーチャルになりがちな生活を改善できる。

アメリカの国立公園はソロキャンプに適したキャンプ場が多くあり、たとえば、カリフォルニアのジョシュアツリー国立公園では、休日になるとソロキャンプにやってきたビジネスパーソンでごった返しているほどだ。

働き方と生き方を変えるヒント8
休日、ソロキャンプに出掛けてみる

過酷なトレイルランの末に見えた絶景

本書を執筆中に、『アラフィフからの自分探しの旅――アメリカ大自然を走る』（つむぎ書房）というタイトルの本を読み、衝撃を受けた。

ロサンゼルス在住の著者・出口岳さんは、40代半ばにして、ひょんなことからランニングを始めた。ロサンゼルスマラソン10年連続完走、スイム・バイク・ラン合計226キロのアイアンマンレース完走、そして100マイル（160キロ）レースのような過酷なトレイルランをしている。

繰り返すが、40代半ばからのスタートだった。

大企業に勤め、2児の父親でもある彼は、どのように家族との時間を大切にしながら、フルタイムで働き、レースの準備をしているのか。そのことに興味を持った私のインタビューの要請にも気軽に応えてくれた。

日系の大手保険会社に勤務する彼は、火曜と水曜日だけオフィスに出勤。その他の曜日は自宅で働く。

トレーニングは、在宅勤務時の平日夕方に10キロくらいを「さっと」走るそうだ。土曜日は20キロから30キロ走るので、家族との朝食の時間から逆算して、早朝4時に起きる。朝食は家族と必ず一緒に取ることに決めているからだ。

そんなスケジュールなら睡眠時間が気になるところだが、毎日7、8時間しっかり眠るという。「人生で起きられる時間は決まっている」という彼なりの仮説を持っていて、長生きするためにも、睡眠時間は日々しっかり確保する。

では、なぜ走るのか。

出口さんは「**理想とする自分に、一歩でも近づくため**」と答える。

そんな彼のアイデンティティは、家族を大切にして、探究心を忘れない人間であること。走ることで、50代半ばにして自らの真の姿が見えてきた。

走り続けて得た自信。そして、自らを肯定する力。それは、鏡に映る自分の姿を見れば、一目瞭然《いちもくりょうぜん》だ。

初めてウエットスーツを着てウナギのように見えた過去の姿も、いまではなかなかのものだと満足している。何百時間というトレーニングを積んできた、その努力の積み重ねの成果が目でも確認できる。

当初、大海原で泳ぐのは恐怖だった。エイドステーションの栄養補給が体に合わないこともあった。職場の課題を解決するように、試行錯誤して知恵を積み重ねていった。

こうして身につけた障害を乗り越える知恵は、仕事にも活かせている。取引先を前にしたプレゼンの緊張は、大海原で泳ぐことに比べたら何てことはない、と思えるそうだ。

習慣化すること。６階のオフィスまでは階段を登る。仕事は立ったまま。スナックにはナッツ。仕事を終えて夕方のランニング。考える余地を与えず、〝Just do it〟。

すべて、走ることを始めて得られたスキルだ。

「自然の中を走ると、仕事の悩みが軽減される」

もうひとつ、出口さんから聞いた印象的な話がある。

マラソンを続けていると、速く走ることに気を取られて（時計ばかりを見てしまう）、途中の景色が目に入らない。そのことに気づいてからは、森の中や海沿いのロードを選んで走るようになった。

「車に乗っていたら見えない景色に出合えると、仕事やプライベートの悩みが軽減されていく。感性が研ぎ澄まされていくような気分。あまりの美しさに涙を流すこともあった」と言う。ランニングの途中、岩の上で瞑想する日もあるそうだ。

自然の中を走るメリットは、ほかにもある。**単純な反復運動をしていると、良いアイデアが浮かんだり、思いつきがあったりする。**奥さんの誕生日に花をプレゼントするといった大事な約束を思い出すことも。それらを忘れないように、走りながらスマホに吹き込む。

出口さんにとって、未来は日々の積み重ねの先に存在するものなので、いまが幸せなら10年後も幸せに違いない。

考え過ぎるより、まず行動する。

出口さんにとっての自己実現とは、一つずつ楽しい「いま」を積み上げていくこと。一歩、一歩、着実に前進するマラソンのように。

彼の将来の計画は、奥さんとフランスからスペインに続く800キロの巡礼の道、カミーノ・デ・サンティアゴを歩くことだそうだ。その未来に向けて、今日も走る。

働き方と生き方を変えるヒント9

いままでやらなかったことに挑戦してみる

ただ休むだけでは「休息」にならない

週に40〜60時間もコンピュータやスマホのスクリーンを見つめていれば、心身ともにヘトヘトになってしまう。だからといって、休日にダラダラと過ごした結果、かえって疲れを感じたりしないだろうか。

対照的に、本章でインタビューをしたビジネスパーソンたちは、スポーツや、写真撮影、ダンス、歌、ランニングなど、仕事以外で熱中できる趣味を持ち、スキル向上にも励んでいたのが印象的だった。

アメリカでは「**ディーププレイ**（**深い遊び**）」が注目されている。本業のほかに没頭できる趣味や活動は「休息」につながるという関連性も明らかになっている。

『シリコンバレー式 よい休息』（アレックス・スジョン＝キム・パン著、野中香方子訳、日経BP社）によれば、ディーププレイの特徴には、次の４つが挙げられる。

1　問題解決に、時間を忘れるほど没頭できる
2　仕事で使うのと同じようなスキルを、違う分野で使う
3　仕事以外のことで、仕事で得られるのと同じような報酬がある
4　プレイする人の過去と結びついている（たとえば、子どもの頃習ったバイオリンを大人になってしっかり習い直してみる）

思考停止でスマホの動画を見ているような、受け身の休息とは明らかに違う。スポーツで汗を流したり、楽器を弾くことであったり、どのような趣味であっても、仕事と同じくらいのエネルギーを使って本気で遊べば、しっかり心身を休ませられて仕事にも良い影響を与えるのだ。

働き方と生き方を変えるヒント10
ダラダラ休むより、熱中できる趣味を持つ

オーダーメイドの成功を探し求める人たち

本章のインタビューからも明らかなように、「自分は何者で、何を大切にしているのか」を知るうえで、自然の中に身を置くことは非常に有益である。

これだけライフスタイルが多様化する世の中で、話を聞いたビジネスパーソンたちは共通して、自らの価値観を確立し、仕事や人生を思いのままにデザインしている。

溢れかえる物や情報から離れ、社会や周りの人からの期待や常識で作られた仮面を外し、本当の自分を取り戻している。

夢を叶えるのには健康やお金が必要だから、働けるうちに思いっきり働く。しかし、その仕事は自分の価値観にフィットしており、社会に貢献していると感じられるものでなくてはいけない。情熱の持てない仕事は、自分が虚《むな》しくなるだけだから。

自分にとって意味があることなら、長時間働くことも苦ではない。それよりも、退屈、惰性、無意味な作業のほうが耐え難い。

自分の内なる炎を燃やし続けること、それを表現して社会に貢献することに「イキガイ」を感じている。


従来の作り上げられた富、地位、権力、といった成功の既製服に自分を合わせるのではなく、自分に合った、オーダーメイドの成功をつねに探し求める。

物質的な豊かさよりも、自分を高め、社会に貢献し、大切な人たちと関係を深めることに重きを置く。


身体・心・精神のバランスを正常に保つために、瞑想や運動を通して、自分がどういう人間なのか、人生で大切にしたいことは何かと自問しているのではないか。

インタビューを通して見えてきたワーク・ライフ・バランスの本質とは、何もしない時間を意識的に確保する、というものではなく、自己実現に向かってチャレンジし続ける時間を確保することにあった。
なにより大切なことは、夢を持つこと、リスクを取ること、そして、主体性を持って生きることなのだ。

働き方と生き方を変えるヒント11

もう一度聞こう。あなたは何者で、何を大切にしているのか？

いますぐできる！忙しいビジネスパーソンのための「デジタルデトックス」

第3章

「休めた感」とデジタルの関係性
――なぜスマホを触ってしまうのか

「スマホ断ち」を目的とした施設

第2章では、休息のために自然に身を置くメリットを伝えた。だが、それだけでは、正直なところ不十分だ。「休めた感」を手にするために、現代人と切り離せない〝ある存在〟を軽視するわけにはいかない。

つまり、**デジタルデバイスとの適切な付き合い方を考え直す必要がある。**

「スマホ断ち」を真っ先に思い浮かべる人も多いだろうが、そう単純な話でもない。スマホ依存を促す構造と、その背景にある人間の心理について把握しておく必要があるのだが、その前にまず、最近のデジタルデトックス事情をご紹介したい。

＊

コロナ禍に、セールスフォースのマーク・ベニオフCEOが10日間にわたり、フレンチポリネシアへデジタルデトックスのバケーションに出かけた、と報じられた。

あなたはこのニュースを目にして、何を思うだろうか？

私が住むカリフォルニアには、有名なデジタルデトックスの施設がある。

施設のウエブサイトを見ると、６００エーカー（約2・5平方キロメートル）の敷地は日本風のオアシスで、竹林があり、池には鯉が泳ぐ。

チェックインと同時に、スマホやコンピュータ、アップルウオッチなどのデジタルデバイスの保管が奨励される。「気を散らすものを取り除いて、あなたの内なるＺｅｎを滞在中に見つけなさい」とのことだ。

スパトリートメント、ヨガやジムなどのアクティビティ、栄養バランスの取れた美味しい食事、瞑想しながら歩く迷路や、自然の中をハイキングできるトレイルもある。

1週間の滞在費は約1万3000ドル。日本円で、ざっと200万円。（2024年5月換金レート、1ドル約154円）。桁《けた》を間違えてはいけない。20万円ではなく200万円だ。

少し贅沢なリトリート、といったところだろうか。

リトリートとは、いつもの生活環境からいったん離れて自分と向き合い、心身のケアをしながらゆっくり過ごす「癒し」を目的とした休日をいう。

こうしたデジタルデトックスを目的としたリトリート施設は、マリブやサンディエゴなどにもあり、世界的企業の経営者たちがこぞって押し寄せるムーブメントになりつつある。

デジタルデトックスという「新習慣」は高価なものであり、そのリトリートは、裕福なアメリカ人のちょっとしたステータスにもなっているようだ。

スマホとの適切な距離感はどれくらい？

もっと手軽にデジタルデトックスしたければ、スマホもコンピュータもどこかにしまえば良い。これならいっさいの出費は要らない。

しかし、そう簡単にできないのは想像の通りだ。自然の中をハイキングしたり、入念にマッサージをしてもらったり、美味しい料理を楽しんだりでもしていないと、暇な時間、ついスマホに手が伸びてしまう。

では、高価なリトリート施設で１週間過ごせば、本当にデジタルデトックスできるのだろうか。

たしかに心身をゆっくりと休めて、リフレッシュできそうだが、２０２１年のスタディ（*Sage Journals*,'Digital Detox: An effective solution in the smart phone era?', 2021）によると、**短期間のデジタルデトックスでは、不安の解消やウェルビーイングにはそれほど効果がないようだ。それより大事なのは毎日のマインドセットだ。**

カリフォルニア大学で脳神経学を研究するアダム・ガザリー教授は、「日常における小さな一歩の繰り返し」の大切さを訴える。私たちは、日常生活の中でデジタルデバイスとの適切な距離感を探っていく必要があるのだろう。

アルコール依存と同じ症状

そもそも、なぜ、デジタルデトックスが必要なのだろうか。

スマホはとても便利で有益なテクノロジーだが、知らない間に「依存症」になっている。大切な時間が浪費されているだけでなく、身体や心、人間関係に影響が出ているのは間違いない。

象徴的なのが、記憶力や意欲の低下だ。

私たちは普段、ぼんやりする時間を利用して脳の情報整理を行なっている。

ところがスマホの使用時間が長くなればなるほど、情報整理のスピードが遅れてしまい、記憶の定着やモチベーションが減退する。散らかった部屋では、集中できず勉強がはかどらないと言われるのと似ている。

米国精神医学会は、「インターネットゲーム障害」の診断基準は示しているものの、スマホ依存、ネット依存、ＳＮＳ依存を証明する根拠は定義していない。しかし、それらがアルコール依存症やギャンブル依存症と同じくらい深刻な問題になっているのは明らかである。

「自分は大丈夫だろう」と高を括《くく》っているあなたも、デジタル依存症になっていないかどうかを確認するために、ここで簡単なチェックをしてみてほしい。

デジタル依存症チェックリスト（Damon Zahariades,Digital Detox を参考に作成）

□ 着信音が鳴ると、本能的にスマホに手がいく
□ 通知サインがあって、すぐにスマホを確認しないと不安になる
□ インターネットに接続できないと、憂鬱《ゆううつ》になる
□ テクノロジーの使用による遅刻、仕事の期限に間に合わないことがよく

ある

□ソーシャルメディアをチェックすると、恍惚《こうこつ》感が得られる
□寝室にスマホやコンピュータを持ち込む
□オンライン使用時間の影響で、睡眠時間が減る
□以前は楽しんでいた活動が、楽しく思えない
□人間関係がぎこちなくなる
□デジタルデバイスの使用を制限しようと試みたが、失敗した

スマホを頻繁にチェックするのをやめよう、と心に誓っても三日坊主になった人や、深夜にユーチューブを見すぎて、翌朝眠い目をこすり後悔した経験のある人には、耳が痛い項目が続いたことだろう。

デジタルデバイスとの付き合い方を根本から変えるのは容易ではない。

自己嫌悪に陥ってしまうかもしれないが、安心してほしい（それは決して、あなたの意志が弱いせいではない）。

テクノロジー企業は、人間の心理を熟知したうえで製品やサービスを開発し続けており、その流れには抗えないからだ。

だから先に述べたように、デジタルデバイスとの適切な付き合い方を探っていかないといけないのである。

＊

改めて本章の目的は、「テクノロジーと上手に付き合いながら、健全な行動を促進する新しい習慣を身につけて、自分軸を鍛える」ことだ。

そのためにまず、スマホをはじめとするデジタルデバイスに依存してしまう構造を詳しく見ていく。その仕組みを理解すれば、テクノロジー企業の目論見《もくろみ》に乗せられず、テクノロジーの良い面だけを意識して生活に取り入れるようになるはずだ。

働き方と生き方が変わるヒント12

本項のデジタル依存症チェックリストで、自分の依存度を確認する

テクノロジーは私たちの考え、行動を操っている

ニューヨーク大学スターン・スクール・オブ・ビジネスでマーケティング学を研究するアダム・オルターは『僕らはそれに抵抗できない――「依存症ビジネス」のつくられかた』（ダイヤモンド社）のなかで「大量消費のために、行動依存を流行らせる企業の企みがある」と主張する。

私たちが毎日、スマホやパソコンで多くの「アテンション」を払い、より長く「時間」を費やすこと。私たちの時間が、企業にとっては利益に変わる。**注目すること、関心を払うことにお金が集まる構造になっているのだ。**

かわいい犬の動画を見ていたら、ペット用のおもちゃの広告がさりげなく現れる。とくに必要だと思っていないのに、気がつくと、クリックして自分のペットのためにおもちゃを購入している。こんな経験をした人は少なからずいるだろう。

検索傾向からあなたの好みや関心は把握され、気を引きそうな商品や話題を次々

に提供し続けるのだ。

消費者はそういった広告に買わされるものかと警戒をするようになったものの、SNSでインフルエンサーが使っていると、つい欲しくなってしまう。

フォローしているインフルエンサーが、ジューサーを使って野菜ジュースを作るのを見ると、自分もそのジューサーを使えば、そのインフルエンサーのように健康で活発になれる気がする。

このようにネットを介した広告は、あの手この手で私たちの興味・関心を引こうと躍起《やっき》になる。

何気なく見ている情報は自覚していなくても潜在意識にどんどん取り込まれるから、この消費習慣を食い止めるのは容易ではない。

操られるのは、消費を促す行動だけでない。**思考も無意識に操られている。**

じつは、「意見」はとても影響されやすく、頼りにならないものなのだ。普段から周りに合わせて、意見をコロコロ変えたりしていないだろうか。有名な人が意見していると、そうなのかな、と鵜呑《うの》みにしていないだろうか。

フェイクニュースは、新たな社会問題になっている。

脳は馴染《なじ》みがあるものに、真実性を付加させる特徴があるので、正しくないニュースでも、繰り返されると真実に思えてきてしまう。

一度、情報が脳内に取り入れられると、それが真実であろうがなかろうが、その影響を取り除くのは難しい。そのニュースが感情を大きく動かす刺激的なものなら、なおさらだ。わざと、大げさに騒ぎ立てるのには、目論見があるのだ。

もう、おわかりだろう。

私たちは娯楽に満ちたソーシャルメディアを通して、ペットのおもちゃからワクチン接種の可否まで、あらゆる選択の影響を受けてしまっている。

働き方と生き方が変わるヒント13

あなたの「アテンション」と「時間」を食い物にしているSNSビジネスの罠から脱出しよう

「投資の神様」がガラケーを愛用していた理由

ソーシャルメディアの出現によって、自分に都合の良い情報や、自分の意見をサポートするような情報ばかりを集める傾向も出てくる。これを行動経済学では、「確証バイアス」と呼ぶ。

確証バイアスは、興味のある情報ばかりが提供されるアルゴリズムによって、増幅される。そうした情報を見ては、「やっぱり自分は間違っていない」と確証してしまう。

また、ソーシャルメディアやオンライン・コミュニティは、同じ興味を持つ人たちと出会えるし、つながっている感覚や、受け入れられている安心感が得られる。

その反面、自分と違う意見を持つ人や、自分の価値観に合わない人との交流を、避けることもできるので、やりとりしていない人たちの存在を受け入れにくくなってしまう。

同じ価値観を持つ人や、自分が受け入れられる情報のバブルの中にいると、それが全世界だと信じてしまうのだ。

ストレスが溜まっていたり疲れたりしていると、「感情バイアス」にも陥りやすくもなる。自分にとって好ましい事柄だけを受け入れてしまう傾向だ。

気に入らない助言は、聞きたくない。それが正しい意見であったとしても。

あなたがいま職場の人間関係に悩んでいるとしたら、自分のネットコミュニティ（SNSのフォロワーでも構わない）を客観的に見てみてほしい。

そのコミュニティには、どういう価値観を持ち、どういったバックグラウンドの人たちが集まっているのか。そこには偏りがないだろうか。

そして人間関係で悩んでいる上司や同僚、友人の顔を思い浮かべよう。その人物に問題があってギクシャクしているのか、それとも、自分が「感情バイアス」や「確証バイアス」に陥っているだけなのか、悩みの本質が見えてくるはずだ。

もしも、あなたが何らかのバイアスに陥っているのなら、職場を変えたとしても、また同じ人間関係の悩みを抱えてしまうだろう。

このような「認知バイアス」に陥らず正しい判断をするためには、何をすればよいだろうか。ぜひ、**「自分軸」を鍛えてほしい。**

「自分軸」とは、自分勝手でわがままになったり、物事を感情や気分で判断したりせず、あらゆる価値観を受け入れるために必要な冷静で公正な判断軸のことだ。

氾濫する情報は、いとも簡単に私たちの選択や行動を揺るがす。

投資の神様として知られるウォーレン・バフェットが、投資をする際の判断がブレないように、ガラケーの携帯電話を長年使っていたことは有名な話だ（最近、ついに貰い物のiPhoneに替えたが、電話をかけるくらいで他の機能は使っていないそうだ）。

巷《ちまた》に溢れる情報に翻弄されない強固な「自分軸」を持っていないと、投資の神様にはなれないのだろう。

言い換えれば、ウォーレン・バフェットですらバイアスにとらわれてしまうのだ。

働き方と生き方を変えるヒント14

生きづらさの原因が自分のバイアスによるものではないか疑ってみる

着信を示す「！」のアイコンはなぜ赤なのか

テクノロジー企業の開発者は、ユーザーに商品やサービスを使い続けてもらえるように、最新の心理学を研究している。そのことは、米国上院商業委員会での証言でも明らかにされている。

スマホの画面を見てほしい。

メッセージが入っていることを知らせるアイコンに赤色が使われているのは、赤が身体的に興奮を促す色だからだ。着信告知の赤いアイコンにドキッと反応する人は、多いだろう。

「いいね」やフォロアー数が表示されるのも、「人から受け入れられたい」という人間の基本欲求を満たすためだ。

あらゆるSNSが、もっとフォロワー数を増やしたい、「いいね」の数を増やしたい、という「目標達成をしたい欲求」も満たすように設計されている。

ユーチューブは、知らない間に何時間も動画を見続けられるように、「あなたにおすすめの動画」が自動再生される。

ソーシャルフィードをスクロールしてなかなか底にたどり着かないのも、注がれ続けるビールを飲み続けるのと同じメカニズムだ。終わりがないのだ。

パブロフの犬の実験を知っている人は多いだろう。犬に餌《えさ》を与えるときにベルを鳴らす。その行為を続けると、餌がなくてもベルが鳴れば、犬はよだれをたらす、という実験だ。

スマホの着信音にも同じ効果が使われている。あなたは、着信音が鳴ると同時にスマホを確認していないだろうか？

もうひとつ有名なネズミを使った実験がある。

確実に餌が出てくる装置では、餌が出なくなると、ネズミはすぐに諦めてレバーを押さなくなる。一方、たまにしか餌が出ない装置では、餌が出なくてもレバーを押し続けた。

毎回報酬があると飽きやすくなるが、たまにしか報酬が得られないと、その報酬を得るまで諦めずに、頑張る効果が見られたのだ。

この心理学的効果を利用して、テック企業は「せずにはいられない」衝動的な行動を促す。

スロットマシーンも当たらないことがほとんどなのだが、たまに当たるからやめられなくなる。

不規則な確率で報酬が与えられる環境下では、「幸せホルモン」とも呼ばれる神経伝達物質のドーパミンが発生する。

ＳＮＳをついついチェックしてしまうのも、不定期な情報のアップデートを見つけることでドーパミンが放出されるからではないだろうか。

開発者ですら、子どもにテクノロジーを使わせない

このようなテクノロジー企業の目論見を、知り尽くしているはずのビル・ゲイツやスティーブ・ジョブズが、わが子のテクノロジー使用を厳しく監理していたのも納得できる。

ツイッター（現X）の創設者のひとりエヴァン・ウィリアムズも、子どもに本は与えても、iPadは与えなかったことが知られている。

シリコンバレーにある企業のエグゼクティブたちは、自分の子どもをシュタイナー学校やモンテッソーリ学校に入れたがるのも興味深い。

シュタイナー教育は子どもにテクノロジーを与えず、テレビも見せない。手を使い、体験から学ぶ教育を重視している。

モンテッソーリ教育も、子どもの創造性を育む教育として知られている。コンピ

ュータが創造性を阻害し、身体の動きや人との交わり、そして注意力を長く保つことに悪影響を及ぼすと懸念しているからだ。

テクノロジーは間違いなく、私たちの生活を豊かにしてくれる。仕事の効率も確実に向上した。しかし、テクノロジーに翻弄され、依存してしまっては、生活を豊かにするどころか、大切な人生を台無しにしてしまう。

おそらく、5年後も10年後も、テクノロジーの弊害に関する文献が発表されるだろう。文明の利器に身をゆだね続けるのか、勇気をもって距離を置くか。一日でも早く後者を選択するべきではないか。

働き方と生き方を変えるヒント15

テクノロジーの良い面と悪い面を認識すること

いざ、デジタルマインドフルネスの実践

――スマホから距離を置く「仕組みづくり」

「スマホ断捨離」7つの習慣

それでは、いよいよ実践編に入っていこう。

これから習得するのは、テクノロジーと上手に付き合い、冷静な判断が可能になる「自分軸」を鍛えていく習慣だ。私はこれを「**デジタルマインドフルネス**」と定義したい。

心配しなくていい。二度とスマホが見られなくなるようなことはない。

スマホを手放すのではなく、「インテンション（意図）」を持って「アテンション

（注意）」を払いながらスマホを使う。スマホで暇を埋めてしまう主体性の欠けた生活から、「やりたいこと」「本当に大切なこと」を優先させる生活へ変えていく。

暇になるとついスマホを手にして、無駄な時間を過ごしてしまうなら、そうならないような「仕組み」をつくればいい。

ダイエットをしようと思えば厳選した食品だけを冷蔵庫に入れ、身近にジャンクフードを置かず、つい食べてしまう誘惑を断ち切るのが手っ取り早い。同じような工夫が必要だ。

たとえば、次のようなことを実践してみてほしい。

1　アプリを使って、使用時間を監理する

毎日、スマホを見ている時間を把握しよう。あなたが思っている以上に、スマホを使っているかもしれない。

2　着信音をオフにする

着信音が鳴るとスマホをチェックする悪習慣を断ち切ろう。「昼休みと夕方だけ」など一日のうちでチェックする時間を数回に絞る。

3　ソーシャルメディアをログインしたままにしない

ＳＮＳを使わないときはログアウトしよう。閲覧時にひと手間かけることで、暇なときについチェックする悪習慣を断ち切ることができる。アプリを使うたびに、ダウンロードすればさらに手間になる。

4　必要のない時間に、スマホを持ち歩かない

玄関に鍵を置いておくように、スマホを触れないときは所定の場所に保管する。

5　スマホを時計として使わない

時間をチェックするつもりが、アプリ通知に気づいてメッセージを読んでいた……なんて経験はないだろうか？　腕時計や目覚まし時計を使う習慣があれば解決するはずだ。

6　アプリの通知設定をカスタマイズする

アプリごとに、通知の有無、バイブレーション、音をカスタマイズしておこう
（私は電話の着信音を〝コオロギの鳴き声〟に設定している）。

7　必要ないメールマガジンの配信を解除する

メールの削除は時間がかかるので、配信解除でＯＫ。

このように些細《ささい》なことでも「スマホ断捨離」をすれば、時間もエネルギーも節約でき、その時間を本当に大切なことだけに使えるようになる。いまある時間を「意識的」に過ごすことで、リフレッシュして、仕事と私生活の充実につながるはずだ。

働き方と生き方を変えるヒント16

受け身ではなく、主体的にスマホと付き合う生活に変える

なぜメールやSNSの「即レス」はいけないのか

もうひとつ取り入れてもらいたい習慣がある。

メールやSNSに即、返信してはいけない。

そもそも、メールやＳＮＳを頻繁にチェックしてしまう理由のひとつには、「返事はすぐにしなくてはいけない」という固定観念があるからだ。

そんな緊張が続けば、自律神経が乱れて心身ともに疲れてしまう。集中力も続かず、不安や憂鬱を引き起こす原因にもなる。

即レスするなと言ったところで、「無理を言うな」と反論されるのがオチである。

そこで、**「石、小石、砂」の話をしよう。**

これは、ビジネスのタイムマネージメントでよく使われる、架空の大学教授によるデモンストレーションである。

ガラスの瓶の中に石を入れていく。学生たちに「瓶はいっぱいですか?」と尋ねると、学生は「はい、いっぱいです」と答える。

次に、小石を同じ瓶に入れていく。瓶を少し振ると石と石の間に隙間ができて、小石はコロコロと瓶に収まっていく。「瓶はいっぱいですか?」「はい、いっぱいです」。

最後に、砂を入れる。瓶を振れば、隙間ができて砂はサラサラと瓶に流れる。

別の瓶を用意して今度は、順番を反対にする。まず砂から、続いて小石、石と入れていく……が、砂の段階で瓶がいっぱいになる。

イメージできただろうか?

瓶は「あなたの人生」、石は、「あなたの人生で大切なこと（健康、家族、友だち）」。小石は「しなくてはいけないこと（学校や仕事）」。そして、砂は「そのほかのこと」

だ。

企業の研修などでは、「やるべきことを最初にやりなさい」と教えられる。しかし優先順位がハッキリしていたら、小石すなわち「しなくてはいけないこと」は、ちょっと後になっても良いのだ。

むろん、砂すなわち「そのほかのこと」を優先するということではない。**大切なのは、あなたの石は何かを知ることだ。**

あなたがビジネスパーソンなら、

「私のするべきメインの仕事は何なのか」

「具体的に何を達成すればいいのか」

「いつまでに終えるのか」

を明確にして、石、小石、砂を決めていこう。

働き方と生き方を変えるヒント17

あなたの人生における「石・小石・砂」を明確にする

「おかしい」と思う要求に境界線を引け！

「やるべきことを後回しにしていいのか？」と不安になっても、心配はいらない。たとえ優先順位が後になっても、しっかりとその仕事を完成させれば、信頼を失わずに済む。

もし、何もかも即座に対応することを求められる立場だとしたら、その状況を生み出した側にむしろ問題があるのだ、と考えても良いくらいだ。

ここで、ちょっと恥ずかしい、私の経験話をさせてほしい。

私は、日本の学校ではいわゆる体育会の部活動に所属していたので、「なんでも即実行」というメンタリティを叩き込まれてきた。30分前行動は当たり前。先輩がグラウンドに来る前に掃除をするのも自分の役割だと思っていた。

しかしアメリカで不動産業に就き、物件をご案内する際、お客様より先にドアの鍵を開けようと小走りすると、「そんなに急がなくてもいいよ！」と笑われたことがしばしばあった。ある社会では当たり前なことも、環境が変わればじつはおかしく見える、と気づくのにしばらくかかった。

カリフォルニア州議会でも、「Right to Disconnect（つながらない権利）」の法制化を目指す法案（AB2751）が、2024年2月に提出された。「労働者が勤務時間外には仕事のメールや電話などへの対応を拒否できる権利」で、法律化されれば、違反した雇用者には罰金が課されることになる。

フランスをはじめ13カ国ですでに制定されており、今後この流れが世界でも加速していくと思われる。

リモートワークの普及により、仕事と家庭生活の境界を曖昧《あいまい》にしてしまう欠点が生じてしまう。終業後にもかかわらず、上司から急に電話がかかってきてストレスに感じる若手社員も少なくない。そういったことにも堂々と「ノー」を言える権利が認められてきたわけだ。

企業や雇用者の無理な要求を受け入れ続けるのではなく、おかしいと思う要求に対して、一人ひとりがしっかり自分の境界線を引く。こうした姿勢を見せ続ければ、組織は必ず変わる。

働き方と生き方を変えるヒント18
自分の働き方を疑ってみる

サイドストーリー②

他人の生活と比べてしまう病

SNSの頻繁なチェックは、FOMO（Fear of Missing Out）、自分のいない間に、取り残されること、見逃すことに対する不安からくるもので、現在のSNS病とも言われている。

SNSが普及する前は、タブロイド雑誌などを通して、センセーショナルなゴシップや事件、芸能人のスキャンダルや私生活を覗き見できた。

他人の生活を覗き見したくなる欲求は誰しもが持っている。噂話も大好きだ。しかし、それらには時間の制限があった。

タブロイド週刊誌を読み終えれば、次の週まで待たなくてはいけなかったし、コーヒーショップでの噂話も時間が限られる。SNSの問題点は、制限がないことだ。次から次へと、他人のしていることが気になってしまうし、欲望のまま時間を無駄に費やしてしまう。

ある人の、華やかな生活の一場面を見て、ちょっと憂鬱になり、輝けていない自分に不安を持ってしまう。友人の投稿には「いいね」をすぐにクリックしないと、関係が悪くなるような気もする。自分の投稿に「いいね」がどれくらい付いたか気になってしまう。

もしも、あなたがそんな状態に陥っているならば、第４章で取り上げるマインドフルネス瞑想で、「いま、ここ」に意識を向けてみよう。

創造的な営みに時間を使おう！

――毎日10分、「小さな幸せ」を繰り返す

「ずっとやりたかったことを、やりなさい」

「デジタルデトックス」や「スマホ断捨離」でせっかく増えた自由時間を、娯楽や消費行動だけに費やしてはもったいない。

せっかく**人間に生まれたのなら、人間にしかできない営みは何かを考えてみよう。**

すると「創造する」ことは、人間に与えられたギフトのひとつだと気づく。

すべての人には、創造する力があるにもかかわらず、ほとんどの人はそれを使ってこなかった。社会も学校も、従属や競争、消費ばかりを奨励してきた。

じつは、**デジタルマインドフルネスを実践していると、この創造する力を解き放つことが可能になる。**

では具体的に何をすればいいのか、人間的営みを取り戻すためのヒントを紹介しよう。

全米ロングセラー『ずっとやりたかったことを、やりなさい。』（ジュリア・キャメロン著、菅靖彦訳、サンマーク出版）には、自分の中に秘められたクリエイティヴィティを解き放つためのプログラムが、わかりやすく説明されている。

「自分らしく生きるための12週間のプログラム」は、まさに自分軸を鍛えてくれる。ただのノウハウを教える本ではなく、原書のタイトル「The Artist's Way: A Spiritual Path to Higher Creativity」とあるように、スピリチュアルなアプローチだ。

「ゴッド」という言葉が何度も出てくるので、そこで引いてしまう読者もいるかもしれないが、彼女の言うゴッドは、もっと漠然とした「ハイヤー・パワー」を意味している。

自分の力では、もうこれ以上事態を変えられない。そんな「どん底」を味わうとき人は、偉大なる力に自分を委《ゆだ》ねればいい。

彼女自身、離婚を経験し、アルコールやドラッグ中毒になった。AA（アルコホーリック・アノニマス）というアルコール依存症者の自助グループがあり、その12ステップを経て回復した経験が、このプログラムを作るのに大きく影響している。

「アーティスト」とは絵を描いたり、音楽を演奏したりする存在だけを意味しない。誤解されないように、日本語のタイトルは「ずっとやりたかったことを、やりなさい。」としたのだろう。

私たちは、子どもの頃はみんな、自分の生きたいように生きていた。

それなのに、成長する過程で、少しずつ「これをしてはいけない」「こうしなくてはいけない」と型にはめられていき、自由な自分を閉じ込めてしまった。

その閉じ込められた自分を解放していくステップが、12に分けて示されている。

この本がアメリカで30年も愛され続け、いまだにベストセラーなのは、多くの人が、テクノロジー社会の中で生きていても、人間性を失わずにいたい、と願っているからではないだろうか。

第2章で出会った、人生を豊かに楽しむアメリカ人たちの多くも本書を読んでいて、なかでも「モーニング・ページ」の話になった途端、目を輝かせるのが印象的だった。

モーニング・ページとは、朝起きたら頭に浮かんだことをノートに書く作業のことだ。何でも良いから、思い浮かぶことをただただ書き出していく。

自分と向き合うことはすなわち、人間である営みを遂行することにほかならない。

10分でも構わない。ぜひ実践してほしい。

働き方と生き方を変えるヒント19

起床後、頭に浮かんだことをノートに書く

いまのあなたに必要なメッセージや人と出合える

「シンクロニシティ」という言葉を聞いたことはあるだろうか。

心理学者カール・ユングによって定義された、「意味のある偶然の一致」のことを言う。

ユングは「自分の意識を高めれば、同じエネルギーのシンクロニシティが起こりやすくなる」と述べている。ビジネスを成功に導くキーパーソンにばったり出会えたり、人生を好転させる師匠に出会ったりするように。デジタルマインドフルネスを続けていると、こうした「偶然の一致」に気づきやすくなる。

非科学的な響きがあるが、世界的なビジネスエリートは実際、数々のシンクロニシティに気づき、将来に役立たせる能力を大切にしている。

スティーブ・ジョブズはあるとき、「カリグラフィー（字を美しく見せる書法）の授業を受講しよう」と思いつき、後にアップルコンピュータの美しいフォントに表現した。

「偶然」に気づき「何か意味がある」と大切に考えるのか、たんなる偶然として見過ごすのかでは、そのあとの人生がガラッと変わってくる。

ただし、「自分軸」がしっかり定まっていないうちは、巷に溢れる情報をシンクロニシティだと勘違いしてしまうので注意が必要だ。

働き方と生き方を変えるヒント20
「ふと見たサイン」「ふと聞こえた会話」「流れている音楽の歌詞」に敏感になろう

イーロン・マスクが睡眠を最重視するワケ

デジタルマインドフルネスの利点はほかにもある。

人生におけるプライオリティが明確になるので、生活習慣が改善できるはずだ。

いちばんの変化は、就寝時間であろう。ネットサーフィンやSNS、ネットフリックスの時間よりも、睡眠時間の確保を優先できるようになる。

テスラ、スペースX、X（旧ツイッター）のCEOイーロン・マスクは、一時、夜行性で眠らずに仕事をし続け、机の下で眠ることがある、と公言していた。しかし、現在は睡眠の大切さを強調している。

以前はいかに寝ないかを豪語していた、ビル・ゲイツもジェフ・ベゾスも声を揃えて、睡眠の大切さを強調する。しっかり睡眠時間を取らないと、働いていても効率が悪いことに誰しも気づいたからだ。

眠ろうとしても、すぐに眠れない、という悩みを持つ人は多い。**ハーバードメディカルスクールは、デジタルデトックスを活用した「効果的な睡眠」の特徴として次のように述べている。**

・一定の時間に就寝することを心がけることで、体内リズムが整う
・眠る30分から1時間前は、デジタルデバイスを使わない。ブルーライトは眠りを促すメラトニンの分泌を減らす、という報告がある
・LEDライトも、ブルーライトを放つという報告がある。寝室の明かりは薄暗く

しよう

・寝室は寝るためだけに使う。寝室にデスクトップパソコンが置かれていて、それが不可能なら、寝るときはライトを消し、通知音をオフにする
・スマホなどのデバイスは寝室に持ち込まない。寝室で充電をしない
・デジタル書籍は紙の書籍より、眠りにつくのに時間がかかり、眠りの質も悪いことが報告されている
・多くの電子機器に設置されている「ナイトタイム・モード」は、それ自体眠りの質を向上させないが、メラトニンの減少を抑えるために奨励されている
・30分過ぎても眠れなければ、一度寝室を出て、薄明かりの中で心の静まる活動をしてから、再度寝室に入る

もちろんすべてを取り入れる必要はないが、デジタルデトックスをしながら同時に、睡眠の質を高めていくうえで、どれも欠かせない習慣になるだろう。

働き方と生き方を変えるヒント21
「睡眠不足自慢」は時代遅れ

「たった10分」幸せを感じる時間を優先する

ここまで、デジタル依存症になる原因とリスク、それを克服するためのデジタルマインドフルネスの実践について述べてきたが、最後に大事なアドバイスを皆さんに送りたい。本章の総括としてもぜひ実行してもらいたいことだ。

To DoリストとはTo Meリストを作ろう。

日常を「しなくてはいけないこと」で埋め尽くすのではなくて、「したいこと」「幸せを感じられること」で過ごす時間を優先するように意識するのだ。

たとえ10分でも構わない。大切なのは「日常の小さな繰り返し」である。

小さな幸せを感じる瞬間を毎日積み重ねていくことで、たった10分が「休んだ感」に変わっていく。

「はじめに」で紹介したキャシー・ホームズ教授にとってそれは、「インテンション」と「アテンション」を持って子どもと過ごす木曜日のコーヒータイムだった。

そのためには、繰り返しになるが、自分にとって大切なものは何かを把握する必要がある。

大切な人と語り合う時間と、スマホを片手に一緒にいる時間。どちらが、幸せ度が高く、充実を感じられるかは明確ではないだろうか。

やりたいことが定まっていないから、「いま、ここ」に集中できないのだ。自分の現在地と行き先がわからないから、デジタルデバイスに依存してしまう。

この関係性に気づければ大進歩なのだが、次章ではさらに、「いま、ここ」に意識を向けるマインドフルネスを日常に取り入れる方法を見ていこう。

働き方と生き方を変えるヒント22

「したいことリスト」を作成する

第4章

「直感力」を磨け！瞑想、マインドフルネスを日常に取り入れる

なぜビジネスの成功者たちは瞑想をするのか

——ガンジー、ダ・ヴィンチ、大谷翔平……「潜在能力の引き出し方」

全世界に衝撃を与えた「ジョブズの瞑想」

お寺で修行する僧侶を身近に見ている日本人にとっては、「瞑想」はしたことがなくても、何となく親しみがあるのではないだろうか。

いまや、アメリカのテックワーカーをはじめ、世界中のビジネスエリートが瞑想に夢中になっている。まずはその理由を明かしていく。

瞑想の効果は、科学的に証明されてきている。だがそれ以上にビジネスエリートに大きい影響を与えたのは、スティーブ・ジョブズ（アップル元ＣＥＯ）の存在であろう。

ジョブズは黒いタートルネックに、スリムなジーンズの出で立ちで、ビジネスパーソンはスーツにタイというビジネスファッションの常識を打ち破った。そして、外見だけでなく、アップルの開発する商品すべてが、人をあっと驚かせる、革命的なものだった。

その彼が、**毎朝欠かさず1時間の坐禅をしていた**のだ。

アップルの商品には、禅の精神が反映されていて、アップルの隠語「狂気のシンプリシティ」がすべての商品に反映されている。

デザインだけではない。商品を開発するのに、彼はマーケットリサーチに頼らず、顧客の本質的な欲求を「エンパシー」（共感、感情移入、人の気持ちを思いやること）をもって感じ取る。**人が「欲しかった」ものではなく、人がまだ、「必要だったと知らなかったもの」を創ることを目指した。**

まさに、直感をもって未来を創る人だったのだ。彼の大事にする「シンプリシティ」「エンパシー」「マインドフルネス」は、坐禅を通じて極められていったことがよく知られている。「自分も瞑想すれば、スティーブ・ジョブズの得た何かを得られるのではないか」と思うのは自然な成り行きだ。

少しだけ補記しておこう。坐禅は数ある瞑想の方法のうちのひとつの方法で、仏教の禅宗が行なう修行法だ。本来、何かを得られるかも、という期待などせず、無心に何も求めずただひたすらに坐ることに意味がある。

ジョブズの追葬式では、木の箱に入った1冊の本が参列者に送られた。パラマハンサ・ヨガナンダの著書『あるヨギの自叙伝』（森北出版）は、彼自身のiPadに唯一ダウンロードされていた本だったと言われる。

ヨガナンダは、西洋におけるヨガの開拓者だ。多くの人を覚醒させるために、セルフリアリゼーション・フェローシップを設立し、普遍的な真実に基づく「深淵《しんえん》な知恵」をアメリカに広めた。ヨガの心理を科学的な視点から伝えて、多くの人に大きな影響を与えた20世紀の偉大なヨギ（ヨガの実践者）である。

ジョブズは**「自分の内面を見つめ、自分自身を知ることこそ、人生で最も有益だった」**と語っていた。そして仕事において**「『直感』が『知性』よりも役に立った」と**

も口にした。

この本の贈り物に込められた、最後のメッセージは〝Actualize Yourself（あなた自身を現実化、実現化しなさい）〟。いったい、どういう意味なのだろうか。

ジョブズの真意を説明するために、あまりにも有名な心理学の理論を引用しよう。

「マズローの欲求５段階説」の誤解

Self Actualization（セルフ・アクチュアリゼーション）すなわち「自己実現」という概念は、心理学者アブラハム・マズローによって紹介され、その言葉のまま現在も広められている。自己の可能性と潜在能力を、最大限に活かす過程をいう。

その〝旅〟はユニークなものであり、一人ひとりが別の旅路を歩かなくてはならない。

ガンジー、アインシュタイン、ダ・ヴィンチ、マザー・テレサ、大谷翔平などを思い浮かべると、イメージしやすいだろう。それぞれの道は違っていても、自己実現に成功した人たちだ。

なんとなく、イメージが掴《つか》めただろうか。マズローの「自己実現」へ至る旅路は「欲求5段階説」として知られている。これらは、ビジネス書などではピラミッドの図で示されるが、じつはマズロー自身、ピラミッドの図に表してはいない。

第1段階　「生理的欲求」

食べ物、水、シェルター、睡眠といった生命を維持するのに必要な本能的欲求。眠りたい、お腹が空いた、という状態でいると、その欲求が満たされるまでは、その上の欲求が湧かない、とされる。要するに、「腹が減っては戦《いくさ》はできぬ」ということだ。

第2段階　「安全の欲求」

危険を避け、安心していたい。貯金をして、経済的に安全でいたい、仕事が嫌で嫌でたまらないけど、転職をするのはこわい、というのも、安全の欲求だろう。

第3段階「所属と愛の欲求」

社会とつながりたい、必要とされたいなどの帰属欲求。これが満たされないと、孤独や不安を感じてしまう。

第4段階「承認の欲求」

認められたい、尊敬されたいなどの欲求。この欲求はさらに2つに分けられる。

自己評価では、達成、独立、自由に対する願望。資格を所得したり、目標を達成して、自分に自信を持ちたい気持ち。

そして、他者から受ける評価では、評判、地位などがある。

第5段階「自己実現の欲求」

自分の才能を活かして、理想の自分になりたい欲求。

この理論を発表した1943年、マズローは、約85パーセントのアメリカ人が、第1段階の欲求を満たし、70パーセントが第2段階、50パーセントが第3段階、40パーセントが第4段階、そして、10パーセントが最終の「自己実現」に達するだろうと予想していた。

しかし晩年になると、「**必ずしも、第1段階から進んでいく必要はない**」と明かしている。

食べ物を買うお金で絵の具を買う画家がいるように、第1段階の「生理的欲求」よりも、第4段階「承認の欲求」や、第5段階「自己実現の欲求」が強い人もいるのだ。その逆に、お金や地位がなくても、食べたいものを食べることができればそれで良し、とする人もいる。

さらに、「次の段階へ進むのに、100パーセントその段階の欲求を満たす必要もない」としている。ある程度満たされれば、それで良いのだ。

「文化の違いや人によって欲求段階の順序が違う、十分な裏付けとなる証拠が乏《とぼ》しい」などいくつかの批判を経て、人間性心理学から発生したマズローの欲求5段階は、現在ではポジティブ心理学のコンテクストのなかで語られ、ウェルビーイングと深く結びつけられるようになった。

「自分がいま、強く感じている欲求」を自覚する

いかがだっただろうか。一言に「自己実現」といっても、人生のどの時期にいるのかによって、重視すべき欲求は違ってくる。価値観の違い、文化のバイアスもあることを踏まえたうえで、「自分がいま、強く感じている欲求」を自覚することが、瞑想、マインドフルネスを実践していくうえで役立つだろう。

ちなみに、スティーブ・ジョブズの最後の公式メッセージは、"Actualize Yourself"だったが、臨終の際、彼のライフパートナー、妹、そして子どもたちを一人ずつ見つめ、"Oh wow, oh wow, oh wow"と口にしたと伝えられている。

ジョブズは、自身の成功の象徴でもあるｉＰａｄを握りしめてはいなかった。

自分の欲求がいま、どこの段階に属していて、どの段階を目指すのかを、客観的に把握するのも有益だろう。瞑想やマインドフルネスは、それぞれの段階の欲求に的確に対応してくれるはずだ。

疲れているときにはストレス軽減を目的に、不安を覚えたら心を落ち着けるために、瞑想やマインドフルネスを取り入れればいい。

もちろん、直感力を鍛え、自己の潜在能力を引き出し、可能性を広げてくれることが瞑想の驚異的な効果である点も忘れてはならない。

働き方と生き方を変えるヒント23

自分がいま必要とする「欲求」を知る

カオス状態でも落ち着いていられる

「瞑想を日常に取り入れたいけど、時間がない！」

そんな悲鳴が聞こえてきそうだ。ではなぜ、あの多忙な（はずだったと思われる）スティーブ・ジョブズは毎朝、１時間も坐禅の時間が取れたのだろうか。

「投資界のスティーブ・ジョブズ」と呼ばれ、世界最大のヘッジファンドであるブリッジウォーター・アソシエイツを創業したレイ・ダリオもまた、ＴＭ・トランセンデンタル・メディテーション（超越瞑想）を実践している。

ＴＭメディテーションでは、その指導員から与えられたマントラ（聖なる言葉）を繰り返し唱えることで、頭の中でセルフトークの雑音が消え、超越した状態になれる。

ダリオは自分が成功した要因のひとつに瞑想の習慣を挙げており、一日20分、２度の瞑想を欠かさず行なう。

「オープンマインドネスが強化され、高い視点から物事を見られる」「心の平和、創造性を得られる」と瞑想のメリットまで語っている。莫大な額の資産を運用するカオス状態でも、落ち着いて対応ができるのは、瞑想による効用ともいえよう。ジョブズやダリオの立場にあって、時間の投資価値を考えないはずがない。それでも、一日数回の瞑想に時間を費やすのにはワケがある。

瞑想は時間を費やすというより、より時間を作ることになるからだ。矛盾するようだが、これは真実である。なぜなら、心を落ち着かせ、何が大切かを確認し、プライオリティをはっきりさせることで、余計なことに時間を割かなくなり生産性が爆発的に上がるからだ。

瞑想は、短時間でも良いが、毎日続けることが大切である。だが、一生懸命やりすぎてはいけない。なぜなら、何かを得ようとする心がすでに、目的意識にとらわれており、内なる静かな声を聞く妨げになるからだ。

頑張りすぎず、淡々と続ける。それが瞑想のコツである。

サイドストーリー❸

瞑想の隠れた効果

脳にある海馬は、感覚から得られるすべての情報を集め、記憶として整理をした情報を扁桃体に伝える。その情報を受け取った扁桃体は、記憶と照らし合わせて、快・不快、好き・嫌いを判別。とくに、不安、恐怖、嫌悪といった、闘争・逃避反応を司る役目もある。

瞑想によって、脳の海馬の灰白質《かいはくしつ》（神経細胞の細胞体が集合している領域）が増え、逆に扁桃体の灰白質は減る。すなわち、瞑想で集中力が高まり、ストレスに過剰な反応をしにくくなる、ということがハーバード・メディカルスクールをはじめ、数々の研究で発表されている。

瞑想やマインドフルネスの効果はほかにも、すでに何百も超えるリサーチ結果が出ている。その文献元を一つひとつ挙げることはしないが、簡潔にまとめると次のような効果が知らされている。

不安や憂鬱、ストレスを軽減
免疫力を高める
感情を安定させる
自己認識を高める
集中力を長期持続できる
年齢による記憶の衰えを少なくする
親切心が養われる
依存症を防ぐ
睡眠の質が良くなる
痛みへのコントロールを助ける
高血圧を低める
孤独感を和らげる

直感が冴える
自分にとって、本当に大切なことがわかる
心を落ち着かせる
仕事でのミスが減る
頭が休まる

あなたにとって魅力的な効果はいくつあっただろうか？

マインドフルネスな習慣を実践しよう
――目的に応じて瞑想を使い分ける

グーグル社員が実践するマインドフルネス瞑想

マインドフルネスとは、過去を振り返ったり、未来を想像したりせず、「いま、自分がいる、ここ」に意識を向ける状態をいう。「いま、この瞬間」に意識を集中させて、思考や感情にとらわれず、客観的にただ観察する心の状態だ。

もともとは、スリランカやミャンマーの上座部（テーラワーダ）仏教において、仏典に用いたパーリ語「サティ」の英語訳で、欧米文化に馴染むように、宗教色を取り外したものがマインドフルネスだ。

マサチューセッツ大学医学教授のジョン・カバットジンがマインドフルネスを医療分野に取り入れたところ、科学的にもその効用が証明されたことから欧米人に受け入れられた。

１４１ページで述べたように、健康やストレス解消のみならず、集中力の強化、仕事の効率アップなどの効果を期待してマインドフルネスを取り入れるビジネスパーソンも多い。

さて、**グーグル流のマインドフルネスは、「サティ」をわかりやすく体系化したことで、いまや多くの企業にも導入されている。**

『サーチ・インサイド・ユアセルフ――仕事と人生を飛躍させるグーグルのマインドフルネス実践法』（チャディー・メン・タン著、柴田裕之訳、英治出版）によると、マインドフルネスの目的は、どこか別の場所へ行くことではなく、いま、この場所に完全に存在し、その完全な存在と意識の力を、いまこの瞬間に認識すること、とある。

言い換えると、マインドフルネスは「己の内を探る旅」であり、幸せとはトレーニングで身につけることができる「技能」だという。

努力次第で、幸せも手に入れられる。アメリカ人好みの考え方で、いかにもグーグルから生まれた即効性のある、実用的なプログラムのようだ。

そこで、SIY（サーチ・インサイド・ユアセルフ）グローバルサイトにアクセスしてみた。

SIYは神経科学、マインドフルネス、EQ（心の知能指数）の3つの軸から成り立ち、マインドフルネスは注意力トレーニング、とも呼ばれている。4週間のプログラムはオンラインでも受けられる。

実用的かつ、科学的根拠に根差した方法で、EQ、ウェルビーイング、忍耐強さ、個人的、企業的リーダーシップを向上することが約束されている。

20カ国以上で、10万人以上の人がこのプログラムを受け、93パーセントの人がこのプログラムを推薦する、とアンケートに答えた実績まで記されている。

お寺で無心に瞑想する僧侶の姿を目にしている日本人にとっては、トレーニングと呼ばれるマインドフルネス瞑想は、実用的すぎて、少し違和感があるかもしれない。

なんとなく、初めてアメリカで「カリフォルニアロール」というアボカドとマヨネーズの入った寿司を見たときのような気分だが、これがけっこう美味しい。初めは生の魚に抵抗を感じていても、そこから一般的な寿司にチャレンジするアメリカ人は多いものだ。

あまり難しく考えすぎず、ジムに行くような感覚で、マインドフルネス瞑想を体験してはいかがだろうか。

時間がなくても、まずやってみる

『サーチ・インサイド・ユアセルフ』では、「瞑想は運動のようなもの」と語られ、目的に合わせたいくつかの「エクササイズ」が用意されている。

そのなかから、最も簡単な「２分間でできる瞑想」の要点だけを紹介する（もっと詳しく知りたい方は、一読をすすめたい）。

2分間でできる！　マインドフルネス瞑想

準備1　**良い意図を生み出す**

この「良い意図を生み出す」という行為自体が、瞑想の一形態なのだ。「私は落ち着いている」「いまの自分に集中しよう」など、同じ意図を何度も生み出し、習慣化し、行動を導く。

準備2　**呼吸をたどる**

意図を生み出したら、呼吸のプロセスにそっと注意を向ける。これだけでいい。気が散ったら、呼吸のプロセスに注意を戻し、再び集中する。

このとき、自己批判やネガティブな自己評価が頭をよぎったら、自分への優しさや好奇心に満ちたポジティブな考えに促すこと。

ここまでできたら、実践しよう。

実践

まずは、リラックスして、ラクな姿勢で座る。

続いて、ゆっくり３回深呼吸をする。自然に呼吸し、鼻の穴、お腹、呼吸する体全体におだやかな注意を向ける。

吸気と呼気のあいだを意識する。感覚や考えや音によって気が散っても、ただそれを認め、経験し、優しくそれを放してあげよう。こんなイメージだ。

息を吸い込みます。私は穏やかです
息を吐き出します。そして微笑《ほほえ》みます
いま、この瞬間は素晴らしい、と感じて終了

これなら、簡単に始められそうだ。大切なのは、続けること。筋トレと同じだ。

そして、少しずつ時間を増やしていこう。

働き方と生き方を変えるヒント24
毎朝、2分間のマインドフルネス瞑想を始めてみる

ハカラウ瞑想で、周辺視野を鍛え、意識を広げる

瞑想には様々な種類があり、それぞれの瞑想法には特定の目的や効果がある。自分が欲しい脳波別に、瞑想法を決めてもいいだろう（注：脳波の分け方の数値は、絶対ではない）。

30〜ヘルツ：ガンマ波　強く集中しているときに出る波動で、アルツハイマー原因物質を少なくする
13〜30ヘルツ：ベータ波　計算、考えを巡らす、運動、戦闘状態に出る波動
8〜13ヘルツ：アルファ波　リラックスしている状態、学習効果が得られる

４〜８ヘルツ：シータ波　ひらめきが起こりやすい、記憶力向上
０・５〜４ヘルツ：デルタ波　しっかり眠っている状態

ガイド付き瞑想のような、「集中する瞑想」は、ガンマ波、マインドフルネス瞑想のような「観察する瞑想」は、シータ波に該当する。

一方、最もアルファ波が出ていると、数ある研究で発表されている瞑想法がある。**数多くのビジネスエリートを虜《とりこ》にしている「ハカラウ瞑想」だ。**ハカラウ瞑想は古代から伝わるハワイの瞑想で、周辺視野を広げ、リラックス効果が期待できる。

私たちは普段、ほとんど目を動かさず、一点に集中してものを見ている（「中心視野」という）。人と話したり、スマホやコンピュータを操作しているときもそうだ。この集中して見る視野の外側を「周辺視野」と呼ぶ。はっきりと見ることはできないけれど、なんとなく全体の動きを把握することができる。

パソコンに向かって仕事をしているとき、こっちに向かって話しかけようとする

存在に気づくだろうが、それは周辺視野が働いている証拠だ。
周辺視野でものを見るとき、脳がアルファ波の状態となり、否定的なことを考えにくくなり、心が落ち着くとされる。

夕日を眺めるのと同じ効果

それでは、ハカラウ瞑想を試してみよう。どこにいても、短時間で心を落ち着けることができるので、会議前や商談前に本書を片手にぜひ実践してほしい。

目線より少し上にある、一点を見つめる
その一点に集中する
しばらくしたら、目は動かさずに、そこから少しずつ視野を外に広げていく
フォーカスを無くし、視野をできる限り広げる
この状態を、好きなだけ保つ

気分の変化に気づこう。落ちついた気分、意識の広がりを感じよう

じつは夕日を見たり、山の景色を眺めたりするとき、私たちは自然にハカラウ瞑想と同じ状態になっているのだそうだ（どおりで、カリフォルニアのマリブビーチに腰を下ろして、夕日を眺めると落ち着くわけだ）。

この周辺視野を使う瞑想法は、私がＮＬＰ（神経言語プログラミング）を学んでいたときにも教わった。ハカラウ状態でいると、落ち着いて、学習しやすいうえに、プレゼンテーションをするとき、全体の雰囲気が手に取るように読める。

中心視野を使い、２、３人の顔だけを見ていたらほかの人の様子がわからないが、周辺視野を使えば、全体の様子が把握できるのだ。

ＮＬＰの授業で私たちは、順番に一人ずつ前に出て、残りのクラスメイトがそれぞれ好きなときに手を挙げ、前に立つ人が挙手した人を次々に指差していく、というモグラ叩きゲームのような実験をした。参加者全員が周辺視野を使うことで、部屋の隅々まで挙手する人を認知できたことを伝えた。

参加する全員の反応を手に取るようにつかめれば、聴衆も落ち着いてあなたの話に耳を傾ける。次回のプレゼンテーションで早速、試してみてほしい。

満員電車の中でストレスを和らげる

忙しい現代人におすすめなのが、「ボディスキャン瞑想」である。

目を閉じ、リラックスしたら、意識を体全体に向けていく。

頭の先から、額、目、耳、頬、鼻、口、顎《あご》、首、と徐々に下へ移して、最後に足の指までCTスキャンしていくように呼吸を意識するとやりやすい。頭の上にバターを乗せて、そのバターが溶けてゆっくり流れていくイメージだ。

テンションを感じる部分はとくに意識を十分に注いで、ゆっくり時間をかけて優しさを届けよう。

ボディスキャンは、寝る前に行なうと、心地良く眠気を誘導してくれるし、満員電車の中でも身体のテンション、ストレスを和らげてくれる。

庭園散策も立派なメディテーション

ガイド付きメディテーションや、寝たまま誘導を聞いているだけで行なえる「ヨガニードラ」は、アプリやユーチューブを使って気軽に実践できる（お気に入りの動画が見つかれば、Ｐｏｃｋｅｔなどのアプリに保存しておくと、気が散るのを避けられる）。プライベートな空間が確保でき、時間に余裕があるときに試そう。

これは日本に限定されてしまうが、お寺に出かけて坐禅を組んだり、宿坊に泊まって瞑想するのもいいだろう。

写経も心を集中させ、落ち着かせてくれる。精進料理を楽しむ、美しい庭を散策するのも歩行瞑想になり、心が落ち着く。

働き方と生き方を変えるヒント25
数ある中から、自分に合った瞑想法を見つけよう

五感を使ってお茶やコーヒーを淹れる

ここからは、瞑想と同じ効果を得られるマインドフルネスのなかで、アメリカのビジネスエリートたちが日常に取り入れて効果を実感しているものを厳選して取り上げていく。

毎朝何気なく飲んでいたお茶やコーヒーが、お気に入りのカップに名前をつけることで、大切な存在と心を交わす、優しい時間になる。これもマインドフルネスのひとつだ。

まず、お気に入りのカップを決めて、名前をつける。

「なぜ、名前を？　子どもっぽい」と思われるかもしれない。しかし、名前をつけることで、その対象と特別な関係を作り、それが特別な存在になり、そこに愛着が生まれるという心理的効果は知られている。

カップを見つめ、名前を呼びかける（声に出さなくても良い）
コーヒー、あるいはお茶を注ぐ音を聴く
カップを手にして、その感覚に意識を集中する
目を閉じて、香りを楽しむ
ゆっくりと味わい、身体の反応を感じる

飲み物に限らず、食において大切なのは、集中して、しっかり味わう、ということ。

色や形を目で見て、音を聞いて、香りを嗅《か》ぎ、歯や舌で触感を感じ、甘さ、酸っぱさ、しょっぱさ、苦さ、辛さ、旨《うま》さを味わう。

忙しくても、スマホは片付けて、五感をフルに使って、食事してみよう。そして、この食事の背景にある、多くの人の働きと命への感謝の気持ちを捧げよう。

出勤前は、熱い（冷たい）シャワーを浴びる

スマホを持ち込まない限り「ひとり時間」を過ごせるお風呂は、最もマインドフルネスに適した場所だ。

お湯の温度は、38度くらいの適温で副交感神経が刺激され、熱いと交感神経が刺激される。リラックスしたいのか、ヨシっとやる気を出したいのかで、使い分けよう。

出勤前など、やる気を起こしたいときは、少し熱めのシャワーや、水のシャワーが効果的だ。水のシャワーの場合は身体の末端、手足から全身に向かって20秒ほど浴びていく。少しずつ温度を低くして身体を慣らしていくこと。

熱さ、または冷たさを皮膚で感じとり、「いま、ここ」の反応を意識する。

ヴァージニア・コモンウェルス大学の研究によれば、冷水により皮膚に密集する冷受容体（コールドレセプター）が冷温に触れると交感神経が活性化し、末梢神経か

マインドフルネスな入浴法

・照明は薄暗いと、リラックスしやすい
・シャンプー、石鹸など好きな香りのものを使う
・お湯の音を聴く
・お風呂に浸かり、浮力を全身で感じる
・温かさが、身体全身に行き渡るのを感じる
・ゆっくりと深めの呼吸をする
・目は凝視せず、ぼんやりと見つめる
・いろんな思いが浮かんでも、ただそれを傍観し、呼吸に意識を戻し、「いま、ここ」に戻る

長湯して、のぼせないように気をつけよう。水分補給も忘れずに！

ら脳に電気的刺激がたくさん送られることで、**鬱の症状を効果的に軽減できる**という。

身体にストレスを与えると免疫機能が向上する効果も知られているが、心臓の異常、高血圧、免疫機能の低下などが心配な人は、医療専門家のアドバイスを受けて冷水を浴びることをすすめる。

働き方と生き方が変わるヒント26

リラックスしたいときは、気持ちよく感じられる温度のお風呂にゆっくり浸かる

オープンマインドが仕事力を高める
――先行きが読めない時代の必須スキル

「もはや不要なものは手放せ」

サンフランシスコに禅センターを設立し、アメリカにおける禅の基礎を築いた禅マスター・鈴木俊隆氏。20世紀を代表する偉大な精神的指導者の一人だ。

彼の著書『[新訳] 禅マインド　ビギナーズ・マインド』（藤田一照訳、PHP研究所）はアメリカを始めとする世界的ベストセラーとなり、多くの人に影響を与え続けている。

本書から引用すると、**ビギナーズマインドとは「閉じた心ではなく、実は空（か**

ら）の心であり、いつでも受け入れる準備ができている」マインドのことである。

「初心者の心には多くの可能性がありますが、熟練者の心には可能性がほとんどありません」」という。

米ビジネス雑誌『フォーブス』（「どのようにビギナーのマインドセットを発達させるか：今日のビジネスでの重大な特性」２０２１年）によれば、ビギナーズマインドの特徴とは以下のとおりだ。

1　新しい経験や考え方に対して心がオープン

2　柔軟性があり、予期しない出来事や境遇に対して順応性がある

3　新しい学びやスキル、経験に対して好奇心がある

4　違う意見や価値観に対しても、受け入れ認めることができる

学んできたこと、経験してきたことが通じない、将来の見通しがつきにくい時代を生きる私たちには、このマインドセットが不可欠になる。

偉大なる投資家のレイ・ダリオも、オープンマインドでいることが、ビジネスの成功には欠かせないと述べる。

アメリカ人がよく口にする言葉に〝Let go what no longer serves you（もはや不要なものは手放せ）〟というのがある。

赤ん坊のときは、泣けば欲しいものが得られたとしても、幼稚園に入る頃には、その武器は通用しなくなる。学校で学ぶことも、社会に出たら、それだけでは仕事の成果にはつながらない。そのようなスキルは、これからはＡＩがいとも簡単にやってのけていくだろう。

一度身につけたスキルも（たとえそれが役に立つ時期があっても）、それが効果を失ってしまったのならば、潔《いさぎよ》く手放して、新しいスキルを習得する必要があるのだ。

私たちは、生きているあいだに何度もスキルをリニューアルしていくことが求められている。

グローバル社会で、異国の宗教、文化を身につけた人や、価値観、行動様式の異なるたとえばZ世代の人などのことも、自分の常識や価値観にとらわれずに、柔軟な心で受け入れることが、ビジネスで成功するにも、私生活で幸せに過ごすにも、大切なマインドセットだ。

鋼《はがね》ではなく水のように、与えられたどんな形の器にも順応していけることが、これからは武器になる。役に立たなくなったスキルや古いと感じられる価値観は、そこにしがみつかずに、どんどん手放していこう。

鋼でなく水のように、大木ではなく柳のように生きろ

同じく『フォーブス』の記事によると、ビギナーズマインドへの妨《さまた》げになるのは、主に次の2つだ。

1 「確証バイアス」自分が信じたい情報だけを選んで取り入れてしまう偏見

2　エゴ、知識による、エキスパート・トラップ（落とし穴）と問題解決トラップ

自分の考えやスキルに自信を持つのは大切だ。しかし、自分ほど何でもよく知っている人はいないと驕《おご》り高ぶってしまうと、他の意見や、新しいアイデアを受け入れる柔軟性がなくなってしまう。

強風が吹いても、柳《やなぎ》のようなしなやかさがあれば、細い枝でも折れない。大木のごとくかたくなに自分を変えずにいると、かえってボキッと折れてしまう。

若い人たちの意見も、柔軟に取り入れてみよう。進化の過程で眺めると、若い彼らのほうが、ほんの少し自分より新しい世界に順応するよう進化しているかもしれないのだから。

「問題は発生したのと同じ次元では解決できない」という、アインシュタインの有名な言葉がある。自分の慣れ親しんだ思考のパターンを超えてこそ、難解な問題を解決し、イノベーションが生まれるのだ。

また、自分の意見や感情を受け入れ、尊重してもらえれば誰だって嬉しいはずだ。

たとえ相手に同意しなくても、とりあえずは受け入れる余裕を持ちたい。

チャンスは人が運んでくることを知っているビジネスエリートは、人との関係をとても大切にしている。

人の話を聞いているとき、自分が発言することについて考えていないだろうか。自分の中で勝手なストーリーを作り上げて、アドバイスをしようと思っていないだろうか。

自分の気持ちをグッと抑えて、しっかりと聴く姿勢を保ちたい。

働き方と生き方が変わるヒント27

何かに委ねがちな日常の行動や考えを、まるで初めて経験するかのように意識してみよう

心身が整い、プレゼンでも動じない

マインドフルネスや瞑想の効果は「欲求」と対応しているため、人それぞれ異なる。

「落ち着いて、眠れるようになった」
「感情を客観的に見られるようになって、ブチ切れなくなった」
「大切な人と、深くつながれるようになった」
「プレゼンで落ち着いていられるようになり、自信がついた」
「本当の自分がわかり、自分の可能性を試す勇気が湧いてきた」

自分の欲求は、日によっても違うし、人生のステージでも変わってくる。

でも、「いま、ここ」に意識を向けながら毎日を過ごせば、その都度、自分が本当に望んでいることがわかり、何をすれば良いのかも明確になる。

心身を整え、「意図」と「注意」を持って、プライオリティをはっきりさせる。

そして、何がいちばん自分にとって大切なのかを確認し、目標を明確にする。そうすれば、時代の波や人に翻弄されずに、やりたいことを実現できる。

虚無感や慢性疲労から解放され、幸せを感じることができる。**自分の欲求を認識できることで、それが満たされやすくなり、「休めた感」も持てるはずだ。**

次章では、積極的に自然で過ごすことの意外な効果と、「休息」との関係性について見ていこう。

第2章に登場したアメリカのビジネスエリートが、進んで自然の中で過ごす理由が、手に取るようにわかってくるだろう。

第5章

科学的に正しい！活力とアイデアが湧いてくる「自然での過ごし方」

人生と自然の「切っても切れない関係」

――現代の都市はノイズが多すぎる

宇宙の歴史を想像しよう

第2章で紹介したアメリカのテックワーカーやビジネスエリートは、自然の中で過ごす時間を大切にしていた。

「頭がクリアになり、集中できる」「ストレスをコントロールできる」「自分がやるべきことがよくわかる」など数々の利点を挙げていたのを思い出してほしい。

あなた自身も普段、意識していなくても、公園の緑を見て心が落ち着いたり、小鳥のさえずりに癒されたりしたことを経験していると思う。清々《すがすが》しい山の空気を吸って、考えが明確になったりしたこともあるのではないだろうか。

本章では、なぜ自然の中で過ごすと、活力とアイデアが湧いてくるのか。その理由を、科学的に裏付けされた情報を引用しながら解説していく。

だがその前に、**目を閉じて、宇宙の歴史をイメージしてほしい。**

「そう言われても、宇宙の歴史など知らないし、興味がない」という人も、ただ読み進めるのではなくて、この時間の流れを想像しながらゆっくりと文字を追ってほしい。

138億年前　ビッグバンが起こり、宇宙誕生（これはもう、想像を絶する！）

←　←　←

46億年前　太陽が誕生

45億年前　地球を含む太陽系が誕生

地球が誕生してから数十億年かけて大気を生み出し、雲を作り、雨を降らせ、海を形成する。海の中でバクテリアや藻、地上で植物が生まれ、光合成を行ない、酸素が作られた。こうして、私たち人類が誕生する環境の土台が作られた。

←

←

5億年前　（単細胞生物、多細胞生物を経て）魚類の出現

魚類は人類の直接的な祖先にあたる最初の脊椎《せきつい》動物だ。

植物が地上に上陸、森林ができて酸素が十分にでき、脊椎動物が陸に進出（私は、初めて陸に上がった脊椎動物を思うと、いつもドキドキしてしまう。えら呼吸から肺呼吸をやってのけた、この異端児のおかげで、私たちがいま、ここに存在する）。

やがて恐竜時代が始まり、原始的、哺乳類登場。鳥類登場。

恐竜絶滅をきっかけに、哺乳類が繁栄。類人猿の出現を経て、現在の人類の祖、ホモ・サピエンスが出現。

幾星霜《いくせいそう》の時を経て、人間が地球で住むことができる環境が整えられていった過程をイメージいただけただろうか。

現在は、大みそかの午後11時59分59秒

とはいえ、何億単位の時間の流れは、想像することさえ難しい。そこで、宇宙の歴史を一年間に凝縮してみる。

1月1日　ビッグバン、宇宙の始まり
3月16日　銀河系の形成
9月2日　太陽系の形成
9月14日　最古の生物
9月21日　原始生命
9月30日　光合成生物の出現
10月29日　酸素が大気に放出されていく

12月5日　最古の多細胞生命
12月17日　最古の魚類
12月21日　節足動物と植物の上陸
12月25日　恐竜の出現
12月27日　鳥の出現
12月28日　花が現れる
12月30日　霊長類の誕生
12月31日午前6時5分　ヒト科が誕生。そして、ここからは分刻みで、文明の発達が示される

私たちが馴染みのある近現代、つまり中世の終わり頃（1500年頃）から現代までは、大みそかの午後11時59分59秒。

スマホやネットフリックスに夢中なこのデジタル時代は、1秒のまた何分の一にすぎないのだ。

私たちを含む、あらゆる生命の住む地球も、ただ存在しているのではない。巨大な木星の重力のお陰で、地球はいまの軌道をキープして、太陽から丁度良い場所にあり、私たちが住める丁度良い温度を保てている。そのうえ、彗星や小惑星の地球への衝突から守られてもいる。

地球は月の引力によっても、自転軸の傾きを23度に保っていて、この地軸が1度変わるだけで地球の気候は大きく変動すると言われている。

何が言いたいのかというと、**私たちの生命は、普段まったく意識していなくても、偉大なる自然の営みによって生まれ、支えられているのだ。**

自然の効用というよりも、自然は私たちが健康に生きるうえで欠かせない存在である。「欠かせない」というのも傲慢《ごうまん》な感じがする。私たちは自然に生かしてもらっている。

生物学者であり自然主義者のエドワード・オズボーン・ウィルソンが提唱した「バイオフィリア」という仮説がある。**私たち人間は、本能的に自然が好きで、自然**

とつながりたい欲求を持っているとするものだ。

その仮説に立つと、山に身を置いたり、森の中を歩くとストレスや憂鬱な気分、頭脳疲労を減らす効果があるという数々の研究論文が存在するのもうなずける。ノイズの多い都市型の生活は、人間にはそもそも不向きなのだ。

WHO（世界保健機構）の調査では、2050年までに世界の人口の68パーセントが、都会に住むとされている。

人工的な環境で暮らす私たちは、知らないうちに疲労が蓄積している。この状態から脱するには、一日数時間でも意識的に自然と触れる機会を持つしかない。

働き方と生き方が変わるヒント28

「私たちは自然に生かされている」という考えを持つ

自然の中を歩けば、五感も脳も休まる

——意外に知らない「人間の驚くべき機能」

では、ただ自然に身を置くだけでいいのか。一つは、脳の疲労と五感（視覚、聴覚、嗅覚、触覚、味覚）の働きには大きな関係がある。

普段意識しないだろうが、五感にはそれぞれ大事な役割があり、役割に応じた休み方を実践することで、疲労回復に大きな影響を与える。

次ページから、一つひとつ見ていこう。

❶視覚　人間は「見たいもの」しか目に入ってこない

視覚とフラクタルは、切っても切れない関係だ。フラクタルとは、「自己相似性」という性質を持つ概念で、一部分を切り抜いても、全体と似た形であることを指す。身近なところでは、ブロッコリーや松ぼっくり、木の枝の図形を思い浮かべてほしい。

このような**自己相似の形は、人間を穏やかな気持ちにさせる。**

それは、人間が自然界にあるフラクタルパターンを見ながら進化し、フラクタルの視覚情報を迅速に処理できるようになっているからだ、と言われる。

人間の肺や脳も、夜空に輝く星もフラクタルだ。肺と木の枝の写真を並べて比べるとよく似ているし、脳細胞と銀河の写真を並べてみてもそっくりだ。

フラクタル研究の先端をいくオレゴン大学のリチャード・テイラー教授によれば、じつは目の構造もフラクタルになっていて、それがフラクタルなイメージとマッチしたときに、ストレスを減少させる身体的な共鳴が起こる。

それとは対照的に、スマホを見るときは、長時間にわたって、同じ距離のものを見続けることで、目の筋肉が緊張したままの状態が続く。それによって、目の疲労が蓄積してしまう。

目を酷使すると、目の筋肉だけでなく細胞にまで影響を及ぼし、眼精疲労の症状が現れるのだ。


それではなぜ、私たち人間の目の構造に、フラクタル構造を持つように進化したのだろうか。じつはもともと、目は光を受け取る器官でしかなかった。

人間の目とイカの目は同じルーツを持ち、進化の過程で、環境に順応して異なる機能が発達した。私たちは鳥のように遠くまで見えないし、猫のように夜中でも道の先まで見ることができない。そのうえ、盲点まである。

私たちの目は、目だけではモノを見ることができない。脳とつながってはじめて、知覚できる。一度は目にしたことがあるだろう「だまし絵」は、人によって若い女性か老婆が見える。人によって見え方が違ったり、見続けるうちに「もうひとつの模様」が見えたりする不思議な絵だ。

これは、脳が見え方を選択していることによって生じている。脳は十分な情報がないとき、勝手に映像を作り上げるのだ。脳は目から入る情報を処理して、意味づける。結局、人は、見たいものしか見ていないのだ。

これを裏付けるのが、人間の脳に備わっているＲＡＳ（Reticular Activating System、脳幹網様体賦活《ふかつ》系）の存在である。

脊髄の上に位置するＲＡＳの長さは約３センチ、太さは鉛筆くらいだ。ここに、私たちの嗅覚以外すべての感覚が入り込み、意識と無意識をつなぐ重要な役割を担《にな》っている。

「カラーバス効果」という心理学効果による現象を知っているだろうか。特定の色を意識すると、その色ばかり見えてくる、という現象だ。

被験者に茶色のものだけに意識を向けるように伝えたあと、「赤色のものは何がありましたか」と尋ねると、まったく答えられない。茶色にしか意識を向けていなかったので、赤色は眼中になかったのだ。

好きな人の素敵な面はたくさん見えるが、いったん嫌いになると、嫌な面ばかりが目につく、というのもこの効果と言える。

「なりたい自分」になるために、この効果を利用してもいいだろう（次項参照）。たとえば、億万長者になりたい、と本気で思っていると、投資やお金についての情報がやたら飛び込んでくるはずだ。

これは進化の過程で、「望む世界」を見られるように、と人間の脳と目に与えられた能力、と言えないだろうか。

そして、魚にとっての水中のように、フラクタルを好むように進化してきた私たちにとっては、自然の中こそが最も望ましい環境なのである。

働き方と生き方を変えるヒント29

強く願って、物事を見る

サイドストーリー❹

いますぐ「運のいい人」になる方法

RASが、人間が進化の過程で得た機能だとすれば、私たちが理想とする世界を作り出すのに利用しない手はない。

どう利用するかというと、**欲しいものを強く意識する。それだけで、あなたは確実に「運のいい人」になれる**（スピリチュアルな類《たぐい》の話ではない）。

運のいい人は、普段から欲しいものを具体的にイメージして過ごしている。

「棚からぼたもち」という、何もしなくても思わぬ幸運が舞い込んでくることを言うことわざがある。

しかし、偶然とはいえど、その真下で口を開けていなければ、ぼたもち（偶然落ちてきた幸運）を受け取ることはできない。棚の下で口を開けて寝ていた、というのは、思わぬ幸運ではないように思える。普通、棚の下では寝ない。きっと、ぼたもちが棚に置いてあることを過去に見て意識していたに違いない、と私は推察する。

自分は運が良いと思う人は、「正しいときに正しい場所」にいるものなのだ。

あなたはラッキーか？

もうひとつ、興味深い例を挙げよう。

イギリスのメンタリスト、ダレン・ブラウンは、心理学や睡眠術を使ったパフォーマンスを通して、人間の本質も教えてくれる「エンターテイナー」だ。私が気に入っている「トッドモーデンのラッキー犬」という彼のエピソードはこうだ。

ダレンは、「人は『幸運』を身につけることができるか」を調査するために、イングランドの田舎町トッドモーデンである実験を行なった。

女性レポーターが町の住人に「町の中に置かれた、撫《な》でるだけで幸運が訪れる犬の像を知っていますか？」とインタビューをする。もちろん、この実験のための作り話だ。

〝ラッキーになる犬の像〟の噂は少しずつ田舎町に広がっていく。隠しカメラは、公園にある犬の像を撫でに来る人が増える様子をとらえている。

ダレンは犬の像を撫でた7人の住民を選出し、その行動を追ったところ、驚きの結果を得た。

新たな仕事を見つけたり、くじ引きで当選したなど、ラッキーな出来事が次々に報告されたのだ。〝ラッキーになる犬の像〟の効果を信じ込んだ住民たちは、犬の像を撫でてからアーケードゲームに繰り出すと、続々と景品を獲得する。

ダレンは分析する。「自分はラッキーだ」と信じた住民たちは、より集中し、より長くゲームをしていた。その行為が景品獲得につながっていたのではないか、と。

ほかにも、松下幸之助は採用試験で「君は運がいいか？」と学生に質問したことで知られている。実際に運が良いかどうかはわからなくても、自分は運が良いんだと確信していれば、どんな試練も受け入れ立ち向かう勇気と力が生まれてくる。その積極的な姿勢を重視していたようだ。

イーロン・マスクはXで「ラッキーは最強の力だ」と呟《つぶや》いている。

とくにイノベーションを生み出すエリートビジネスパーソンは、自分の意図や計画をも超えたものを創り出していかなくてはいけない。

このように、何かを創り出す人も、成功する人も、揃って「運」を大切にしている。

❷聴覚 「ゆらぎ」がリラックス効果に

リラックスできる音といえば、何を思い浮かべるだろうか。

小鳥のさえずりを挙げる人は多いだろう（小鳥のさえずりの入ったリラックス・バックグラウンドミュージックもたくさんある）。風がそよぎ、木の葉が揺れる音も心地良い。

小鳥のさえずり、虫の声、波しぶき、小川のせせらぎ……自然の中に流れる音は、大きくなったと思えば、急に小さくなったりする。

リズムの周期性は一定ではなく、こうした不規則な変動（ゆらぎ）を持つ音は、人をリラックスさせてくれる。心拍、呼吸、脳といった生体リズムと調和しやすく、脳のアルファ波と同じ周波帯域に入ることでリラックス効果をもたらす。

地球の波動と共振する波動は私たちのＤＮＡ螺旋《らせん》にも見られ、人間が地球において、何億年もかけて進化してきたことがうかがえる。

ドイツの著名な物理学者、ウルフギャング・ルドウィッグ博士によれば、自然の中で観測できる波動は、都市では車やテレビ、電話などの人工音で覆《くつがえ》されている、と指摘する。

私たちの耳で感知できなくても、Ｗｉ‐Ｆｉ、５Ｇなどといった電磁波が溢れかえっている。潜水艦を感知するシステムから発せられる低音がクジラやイルカの生育に悪害を与えている例や、ラジオの電波が渡り鳥の移動を妨げている例が確認されている。

一方で、音楽家でありながらスキッドモア大学で音楽テクノロジーの分野を研究するアンソニー・ホランド博士は、がん細胞を破壊する共鳴周波数の存在を発表している（ＴＥＤトーク「共鳴周波数によるがんの粉砕」が話題になった）。

近い将来、特定の周波数を使ってがん細胞を破壊できるようになるかもしれない。

音や振動のリスクと効用は、これからますます科学的に明らかにされていくだろう。自然の中で過ごすことで得られるメリットも、細胞レベルで証明されていくに違いない。

働き方と生き方を変えるヒント30
都会の電磁波から離れよう

❸嗅覚　瞬時に集中力が高まる「香りの力」

嗅覚は他の感覚に比べて、感情や本能、記憶に働きかける力が強いと言われている。匂いは、視覚や味覚のように（思考を司る）大脳新皮質を経由せず、（記憶を司る）海馬に直接伝わっていくためだ。

したがって、**少しでも早く集中したかったら、「匂い」を利用すればいい。**

実際、匂いを使ったマーケティングは、ビジネスシーンでもいたるところで取り入れられている。

ブティックやホテルで良い香りが漂っていると、何となく気分が良くなって、奮発して高価なものを買ってしまったことはないだろうか。香りによって購買意欲すらもコントロールできるのだ。

シンガポール航空では、バラ、ラベンダー、そして柑橘《かんきつ》系をブレンドした香りを使用している。機内はもちろん、機内で出されるタオル、そして、フライトアテンダントもその香りを纏《まと》っている。

映画館でのポップコーンの匂いもそうだ。実際、映画のチケットの売上額より、ポップコーンの売上額のほうが上回るそうだ。

匂いは私たちに具体的な行動を促す。

ふと嗅いだ匂いで、記憶が蘇ることもある。

ある香水の香りに、昔の恋人を思い出したり、卵焼きの匂いに、母親が作ってくれたお弁当を食べた運動会を思い出したりするように。それほど、匂いの影響は強烈なのだ。

さて、**自然界で嗅覚に影響を与える物質が「フィトンチッド」だ。**

ロシア語の「フィトン」と「チッド」を組み合わせた言葉で、「植物が殺す」という意味。植物が傷つくと、細菌などの外敵から守るために放出される。

フィトンチッドの要素の一つであるα《アルファ》－ピネンという匂い成分は、**抗菌効果のほか、気分を集中させたり、脳の活動を低下させたりして、神経を落ち着かせる効果もあることがわかっている。**

マツ、スギ、ヒノキといった木々だけでなく、日本の家屋にあった畳（イグサ）にも、フィトンチッドが含まれている。どおりで、畳の部屋にいると心が落ち着くわけだ。

自然の中で過ごす余裕のないときは、畳の部屋で過ごしたり、ヒノキ風呂に入ったりするだけでも、フィトンチッドの恩恵が得られそうだ。

働き方と生き方を変えるヒント31

ヒノキ風呂に入ってリラックスする

❹触覚　「裸足」で地球の波動とつながり、健康に生きる

ある宇宙飛行士が初めて宇宙で長時間過ごしたところ、吐き気がしたり、クラクラしたりする「スペース・シックネス」を経験した。

ドイツの物理学者ヴィンフリート・オットー・シューマン博士によると、その原因は地球から離れることで地球の「歌」が欠乏して生じるらしい。次のスペースミッションでは、地球の歌＝7・83ヘルツを放つ装置が装備され、スペース・シックネスは起こらなかったという。

この共振は、人間の心臓の鼓動や脳波と同じ波数だと証明されている。耳には聞こえていないが、「地球の歌」は、私たちが健康に生きるのに、なくてはならない「歌」なのだ。

地球の波動の数値は、7・83ヘルツ（8ヘルツに近づいているらしい）。

これは**人間がリラックスできるアルファ波に共振する値**である。地球の波動は人

間の耳には聞こえない。だが、聞こえていなくても、私たちの脳波と共振している。

信じられないかもしれないが、地球の7・83ヘルツの波動に直接触れることで、身体の炎症を抑えるだけでなく、神経や免疫力にも良い影響を与える効果が知らされている。

しかし、現代は靴を履く生活をしているので、普段足からこの恩恵を受けられていない。

１９５０年中頃から革の靴は化学物質でできた靴底に変わっていき、最近では95パーセントの靴が地球からのエネルギーを得られないという。ある研究者は、現代人が履く靴の傾向と、糖尿病の発生には相関関係が存在すると指摘している。

食生活の変化や、砂糖の大量摂取、怠惰《たいだ》な生活なども考慮しなくてはいけないが、革の靴に代わって、化学物質でできた靴を履く人が増えたことも、血糖値の上昇に何かしらの影響を与えているのは確かだ。

「地球の歌」を聴く方法はとても簡単。**芝生や砂あるいは、土の上を裸足で触れる**

だけだ。靴を脱がなくても、手で触れたり、寝転んだりしても同じ効果が得られる。

さらに、触ることで起こる生理学的な効用も証明されつつある。

幼い頃、怪我《けが》をして母親に手当してもらって、痛みがやわらいだ記憶を思い起こしてほしい。触ってもらう行為から、幸せホルモンのオキシトシンが放出されて、安心感につながっていたのだ。

働き方と生き方を変えるヒント32
不調を感じたら、裸足になって土の上を歩く

❺味覚　「野草探し」で、自然の恵みをいただく

食べ物はスーパーなどでお金を払って買うのが当たり前と思っていないだろうか。

人間が農業を始めたずっと前から、自然はたくさんの食べ物を提供し、私たちの命を支えてきた。

たとえば、タンポポ。春になると、そこらじゅうに生えていて、雑草のように逞《たくま》しい。綿毛になると、フーッと吹き飛ばしたくなるくらいで、あまり意識したことはないと思うが、タンポポには栄養が豊富に含まれている。

タンポポの根はコーヒーやお茶として、アメリカでもカフェインを避けたいビジネスパーソンのあいだで密かなブームになっている。

ビタミンA、ビタミンB、カルシウム、鉄分など、栄養分たっぷりで、解毒作用があり、リラックス効果も期待される。

私は、春になるとタンポポの葉を摘んできて餃子を作る。苦味が強いので、いろいろ工夫してお料理してみるのも、意外な発見があって楽しい（公園や道端のタンポポは避けたほうがいい）。

タンポポに限らず、旬の摘み菜を知っていると、食費の節約になるだけでなく、アメリカのビジネスパーソンから一目置かれる。

余談だが、あるパーティで、目立たない男の人がボソッと、松の実からクッキーを作る話をするやいなや、彼の周りに人だかりができていた。デジタルな時代だからこそ、こうした原始的な知識が「クールな教養」として新鮮に映るのかもしれない。

ネイティブアメリカンの友人は、森に行っては薬草を見つけてくる。身体に効くものだけでなく、感情や精神面でもいろいろな効果をもたらす野草が自然の中にはたくさん生えている。

ただし、毒草もよく似た姿をして生えているので、詳しい人と摘み菜をするといいだろう。

働き方と生き方を変えるヒント33

たまにはスーパーで買い物をせずに「自然の食」を楽しんでみる

いますぐ始めたい「科学的に正しい休み方」

――「ひとりの時間」を最大活用してパフォーマンスにつなげる

植物とのつながりに感謝しながら深呼吸をする

五感それぞれの役割を知ったところで、いますぐ実践できる「休み方」を具体的に紹介していく。

あなたは今日、椅子に座り、コンピュータの一点を長時間見ていたのではないだろうか？

これは、採取や狩猟文化が長かった人間にとって、とても不自然な状態だ。

オフィスの電気や、コンピュータ、スマホの放つ光も、自律神経を乱す要因になる。肩こり、頭痛、倦怠《けんたい》感、不眠、イライラ、不安感といった症状は、自律神経の乱れからきているとも考えられる。

デスクワークで知らないあいだに、呼吸が浅くなっていないだろうか。

そこで自然の中で、ゆっくりと深呼吸を行ない、身体の中をリセットしよう。

深呼吸を行なうとき、植物が現れた34億年前の景色を想像してほしい。光をエネルギーとして、二酸化炭素と水からでんぷんなどを作って酸素を吐き出す光合成をしてくれる。そのおかげで、私たちは生きている。

植物の出す酸素を私たちは吸い、二酸化炭素を吐き出す。そして、その二酸化炭素を植物が吸い、酸素をはき出す。この循環は、いわば植物は私たちの第二の肺でもあるのだ。やっぱり私たちは自然の産物なのだと、再確認できる。

命を支え合っているつながりに感謝して、安らぎを得よう。これは、「感謝の瞑想」にもなり、内なる喜びを感じ、幸福感で心が穏やかになることが科学的にも証明されている。

ストレスを感じているときは、「ダブルインヘール・ロングエクスヘール呼吸法」がおすすめだ。

スタンフォード大学神経科学博士、アンドリュー・ヒューバーマンの提唱する呼吸法で、ストレスや緊張に即効性があると話題になっている。やり方はとても簡単。

1　大きく息を鼻から吸う。少し止めて、２回目は１回目より多めに吸うように意識する（２回目は、もう少し労力が必要なので）

2　ゆっくり口から息を吐く

たったこれだけの呼吸法で、即、リラックス効果がある。あなたがイライラ、モヤモヤしていたら、いますぐ試してほしい。

働き方と生き方を変えるヒント34

イライラしたら、自然の中で深呼吸

目標は、週に120分の自然滞在

休息＝怠け、という発想はもうやめよう。

芝生に寝そべって空に浮く雲を眺めるのは、時間を無駄にしているのではなく、よりパフォーマンスを向上するための、戦略的な休息なのだ。

休息を仕事の「パートナー」として扱うことで、短時間に効率よく仕事をこなし、より多くのことが達成できる。

自然が心身の健康や認知機能に与えるプラスの影響についての論文はいまや、1000をゆうに超える。本章で述べたように、私たちの五感が自然の進化の過程で作られ、自然と親密に関係していることを理解すれば、まだまだ研究は進みそうである。

英エクセター大学のマシュー・ホワイト教授が率いるリサーチチームは、約2万人を対象にしたスタディで、**「週に120分、自然の中で過ごすだけで、身体に健康**

をもたらし、認知能力にも効果がある」と発表した。一週間、一度に120分でも、数回に分けてでも効果は同じだと言う。

「120分」が境界線らしく、少しでも足りないと効果は薄れるそうだ。「理想は一日15分、自然の中で過ごそう」とマシュー教授のリサーチチームは提案している。

働き方と生き方を変えるヒント35
芝生で寝そべることは「戦略的休息」になる

リラックスした脳でこそ「ひらめき」が生まれる

アリゾナ大学における研究で、50デシベル（騒音レベルを測定する単位）が最も生産性の高い音だと発表されている。静か過ぎても、うるさ過ぎても生産性には良くない。50デシベルは優しく降る雨、小鳥のさえずりと同じだと言う。

前述したとおり、自然の中では、私たちの脳波はアルファ波になりやすい。

集中するには、まず脳をリラックスさせる必要がある。

せっかく一生懸命勉強したのに試験で緊張して、答えが出てこなかった。それなのに、試験を終えてほっとリラックスした瞬間に、答えを思い出した、という経験はないだろうか。これは、緊張感から解放され、アルファ脳波に切り替わったのが原因だ。

アスリートも極限状態でハイパフォーマンスを発揮するために、脳波を自在にコントロールする訓練を課している。

効率よく仕事を進めたり、プレッシャーの中で能力を発揮したりするうえでも、脳波のコントロールをマスターする習慣が求められるだろう。

緊張感を持ちながら集中力も維持させることがハイパフォーマンスの秘訣、とされていたのはひと昔前の考え方なのだ。

あえてリラックスして休むことで、「アハ・モーメント（ひらめきの瞬間）」を誘発するメリットもある。

アハ・モーメントは、ベンチャー界隈《かいわい》では、ユーザーがコンテンツの価値に最初に気づく瞬間としてこの言葉が使われており、馴染みがあるビジネスパーソンもいるだろう。

「視覚の化学的生理学的基礎過程に関する発見」でノーベル生理学・医学賞を受賞したラグナー・グラニト博士は「無意識が働いているあいだは、とにかくリラックスをして休み、その過程を意識で邪魔しないことが大切である」と述べる。

リラックス状態でこそ、無意識が活発に動き「アハ＝ひらめき」が生まれるのだ。

「どんな分野でも世界レベルに達するには、1万時間の練習が必要だ」という話は聞いたことがあると思う。ベストセラー『天才！ 成功する人々の法則』（原題Outliers、マルコム・グラッドウェル著、勝間和代訳、講談社）で詳しく知られるようになった。

しかし、そこには言及されていない「視点」がある。

「1万時間の練習」からバーンアウト（燃え尽き）せずに、ハイパフォーマンスを続けた人たちの共通点として、約1万2500時間の意識した休憩、そして、約3万時間の睡眠があったという、フロリダ州立大学心理学部のアンダース・エリクソン教授のスタディ「10、000時間ルール」を、アレックス・スジョン＝キム・パンは第2章でも紹介した『シリコンバレー式 よい休息』のなかで指摘している。

自然の中で読書することで、アルファ波が学習能力を高めてくれる。そして、あえてぼんやりとする時間を持つことで、アハ・モーメントが訪れ、行き詰まっていた問題が解決したり、思いがけないアイデアがいきなり浮かんだりするといった効果も期待できそうだ。

アルキメデスはお風呂の中で、ニュートンはリンゴの木の下で、アハ・モーメントが訪れたのも、考え抜いた挙句、あえてリラックスして休む時間の効用のようだ。

日本の天才数学者・岡潔《おかきよし》もこう語っている。

「発見は、常に問題を考えたあとの、自然の中で自然に起こるのだ」

働き方と生き方を変えるヒント36

自然の中で読書をする

休憩時間になったら、あえて「ぼんやり」過ごす

オフィスでPCや会議の資料に一点集中させて、仕事をしていた。しかし、ある時点から、机周りを整頓しなくては、とか、仕事の後、あの雑誌で見たお店に行ってみよう、とか、たわいないことに気がとられ出す経験は、誰でもあるのではないだろうか。

集中していなくてはいけない、と思っているのに、ついスマホを手にして、SNSをチェックしてしまっている。ハッと気づいて、自己嫌悪に陥ってしまう。しかし、それは仕方がないことらしい。

じつは、**ひとつのことに集中した状態は、90分が限界で、それ以上続けても集中力**

は減ってくる。このことは、ミシガン大学の環境心理学者レイチェル&スティーブン・カプラン夫妻によって提唱された注意回復理論（ART）で証明されている。

同理論では、減ってしまった「方向性注意」（集中力）を回復させるには、自然の中で過ごすことを推奨する。

自然の中では五感すべてを使用し、注意が分散された状態になる。矛盾するようだが、そんなぼんやりとした状態での注意（「選択性注意」と呼ぶ）が、集中力を取り戻すのに効果的なのだ。

自然の風景を眺めていると、日常の煩《わずら》わしさから解放される。

また、自然の中を歩くとき、自然とマインドフルネスにもなりやすい。

頬に当たる風を意識して感じ、樹木の間に差し込む日光のキラキラとした輝きを見つめ、呼吸をしながら身体の感覚に意識を向けるとき、日常の煩わしいことへの思いや、否定的な自分との会話から解放される。

こうした開放感は、脳が「デフォルトモード・ネットワーク」に切り替わった証拠だ。

デフォルトモード・ネットワークは、ワシントン大学の神経学者マーカス・レイクルの論文で知られるようになった。安静時にもかかわらず活動を示す脳領域の存在が複数証明されたのだ。

ぼんやりとした状態でも、仕事や勉強をしているときより、脳は15倍ものエネルギーを使うという説もある。そして、このぼんやりした状態が、仕事や勉強での注意力の減少を回復してくれる。

だからスマホを見て息抜きをしてしまっては、逆に刺激を受けるばかりで脳の疲労は回復しない。**休憩時間はあえて、ぼんやりしよう。**

その際注意が必要なのは、ぼんやりすると、自己批判やネガティブな考えが次々に浮かんでしまうことだ。

そういうクセを自覚する人は、自然の中でマインドフルネスを実践することで、その傾向を避けることができる。「いま、ここ」に意識を向けて、緑の多い公園の中を10～15分歩くだけでも、副交感神経が整い集中力を回復できる。

机の周りに植物を置くと、注意力は回復する。

外の自然に触れる時間がなければ、せめてオフィスや部屋にいくつかの植物を置いてみよう。ケアレスミスがなくなるかもしれない。

会議が始まる5分前に、資料の準備をしているようではダメだ。あえて植物の前でぼんやりと過ごすだけで、その会議は生産性の高いものになるはずだ。

働き方と生き方を変えるヒント37
ぼんやり休憩してから会議を始める

「孤独」と「退屈」に向き合う時間が強い自分を作る

「ほんの些細なことに、イライラしてしまう」
「自分が何をしたいのか、わからない。ただ、時に流されていくように感じる」
「いろんな行事を入れてるのに、ワクワクしないし、面倒にさえ思える」

そう感じるのならば、ひとりの時間が足りていないのかもしれない。

「ひとり」というと、内気、非社交的、内向的、孤独、と否定的なイメージを持たれやすい。それに、ひとりになると、何となく手持ち無沙汰《ぶさた》で、ついスマホに手をしてしまうことも多いのではないだろうか。

しかし、「意図したひとりの時間」は、パフォーマンスを発揮するうえで欠かせない習慣になる。アーティストや作家、研究者など独創的な能力を必要とする人たちは、積極的にひとりの時間を確保してきた。それが仕事だったからだ。

情報が溢れかえるこの時代、すべての人に、ひとりの時間は必要とされている。もはや、アメリカのエリートビジネスパーソンで、ひとりの時間を持たない人など考えられない。

英語では、「Solitude」と「Loneliness」とははっきり区別して使われる。日本語でも「寂しい」と「淋しい」は、区別されて使われている。ひとりでいるからといって、淋しいわけではない。というよりも、ひとりでいても、淋しさを感じないのは立派なスキルである。

それは、自分と向き合うことに、心地良くいられる能力だ。

「ひとりの時間」に何をするか

ひとりでいると、自分の心の声が聞こえ始める。その自分の声との対話を楽しめるだろうか。それとも、向き合いたくない思いや感情が現れて、避けたくなるのだろうか。自分との対話は、退屈でしかないのなら、ちょっと悲しい。

変化の著しい世界に生きる私たちは、内観し、自分の頭で考える習慣をつけないと、溢れる情報に振り回され、時代に弄《もてあそ》ばれてしまう。

意識的に「ひとりの時間」を持てば、外からの影響を受けずに自分の内面を見つめることができる。

絶え間ないニュース、世論、誰かの意見、広告……溢れかえる情報を遮断し、自分を知るための時間を持つことで、他人からの期待やイメージに応えようとしたり、自分の価値観を曲げて人に合わせようとすることがなくなる。

ひとりの時間は、誰かに評価されるのではなく、自分が自分を評価する時間だ。

自分の夢、理想はどこにあるのだろうか
現実と理想のギャップを埋めるには、どんなスキルが必要なのだろうか
どんな行動を起こせば、より自分の理想に近づけるのだろうか

ひとりになったら、こんな質問を自分自身に投げかけて、自分の軸を確認しよう。

「ひとりの時間」は、神経を休めて、気分も明るくなれる。そのうえ、創造力も増す。そして、ひとりになることで、人とのつながりに感謝の気持ちが生まれ、周囲との関係性や結びつきも改善される。

30分早く起きて「ひとり」になる

ふらっと好きなときにひとりになれるなら理想だが、家庭を持ち、子育てにも忙しい世代は、どのように時間を作れば良いのだろうか。

まず、「ひとりの時間」を計画に入れてしまうことだ。**たった1時間でも、数週間先のカレンダーに書き込んでしまおう。**

ひとりの時間は、デジタルデバイスからも邪魔されないよう徹底すること。

まとまった時間が取れなくても、朝、いつもより30分早く起きることで、ひとりの時間を確保できるかもしれない。

お風呂やシャワーの時間を、完全にひとりの世界に浸れる時間にしてしまうことも可能だ。早めの電車に乗って、出勤時間でひとりになれる静かな場所を見つけるなど、工夫次第で実現できる。

働き方と生き方を変えるヒント38

ひとりになる時間をカレンダーに書き込む

毎日の散歩で「小さな驚き」を見つける

夜空に放たれる流星群、嵐で荒れ狂う暗い海、オリンピックで繰り広げられる人間離れしたパフォーマンスなどを見て、息を呑んだ経験は誰しもあると思う。

いわゆる**「オウ（Awe）体験」**だ。

畏敬《いけい》の念を持つ体験。畏《おそ》れや感動を呼び起こすような自然現象や、人の利他的な行動、または勇敢な行動、人間離れしたパフォーマンスを目にしたとき、言葉には表しきれない、息を呑むような、深いインパクトを受ける。

このようなオウ体験による数々の効用が証明されている。

トロント大学のジェニファー・ステラー助教授は、オウ体験がストレスを減少し、免疫力を高め、エネルギーを充満する効果を発表した。

ほかにも、**モチベーションが上がる、物欲がなくなる、人生への満足感が増す、クリティカルシンキング（批判的思考）や創造性が高まるといった効果もある。**

自分の中の常識を超えるような偉大なものを目にしたとき、自分の小ささを感じる。いわゆる、謙虚な気持ちが芽生える。謙虚さは、自己卑下とは違う。自分の当たり前だった世界観を疑うことで、新たな視点が手に入る。

視点が大きくなると、自分の抱えている問題の小ささに気づき、もっと広く、もっと長期的な目で、世界を見ることができる。さらに、自分が儚《はかな》い存在だと意識したとき、すべてのものが依存しあっていることに気づき、心の安定を得るとともに、自分を超えた何かのために行動したくなるらしい。

自分が生きている意味を考え、それに向けて自動操縦で生きるのをやめて、「意識して生きよう」と思える勇気をくれる。

そんなオウ体験は、「人生を揺るがすような大きなものでなくてもいいのだ」とUCサンフランシスコのヴァージニア・スターム教授が率いるリサーチチームは教える。**大事なのは、日常で「小さなオウ（驚き）」を繰り返すこと。**

たとえば、10〜15分間、普段は気がつかない小さなものに注意を向けながら散歩するだけでも、効果が得られるらしい。

UCサンフランシスコのリサーチチームは、ただ、歩くグループに比べて、蜘蛛《くも》の巣にかかる朝露《あさつゆ》を発見したり、忙しく働く小さな蜂を眺めたり、子どものような好奇心を持って、周囲に注意を払いながら歩いたグループのほうが、２ヶ月後にはより社交的になり、喜びが増え、ストレスが減少したことを伝えている。

いつものお決まりのコースから少しはみ出て行動する、そして、自分以外のものに注意を向ける。自然には、注意を払えばたくさんのオウがある。スマホを置いて、たとえ10分でも、自然の中に出かけていこう。

成長を求める機会は、シリコンバレーから自然へ

ここまで、アメリカのテックワーカーやビジネスエリートが、休日に山や自然の中で、何をしているのかを紹介してきた。そして、その心理的、科学的な裏付けも解明してきた。

60年代後半、旧来の価値観に対抗するカウンターカルチャーのヒッピーたちが、自然への尊敬、平和、愛、自由などの価値を強調し、ドラッグを使って、創造的なインスピレーションを求めていた。それは自己について徹底的に向き合い、成長を

求めていたとも言える。

ヒッピーが発祥した北カリフォルニアのベイエリア。そのときすでに、次々にイノベーションを生み出すシリコンバレーの下地が、できていたのかもしれない。

現在はビジネスの世界で、ドラッグを使わずに、瞑想や自然との調和の中で自分の能力を最大限まで引き上げる手段を探し求め、日々実践しているようだ。

次の最終章では、それらを踏まえて、日本でも（世界のどこにいても！）気軽に実践できる、「月曜日に活力がみなぎる休み方」を52提案している。

一週間にひとつ、計52週分だ。気軽にできそうなことから、ぜひ試してもらいたい。52すべてが終わったときには、1年が過ぎている。

毎日のほんの小さな習慣の積み重ねで、1年後、「バージョンアップ」した、生き生きとした表情のあなたが鏡に映っていることを願っている。

働き方と生き方を変えるヒント39

次ページからの終章を参考にして「小さなオウ体験」を積み重ねる

終章

月曜日が待ち遠しい！
自然にかえり
パワーみなぎる
「小さな習慣52」

本章で紹介する「小さな自然に戻るルーティン」は52週間（1年）分ある。1週間に1つ、できそうなものから試して構わないが、どれも**ぜひ一度は試してほしい。**92ページで述べた「日常における小さな一歩の繰り返し」が大切だからだ。

アメリカの心理学の父、ウイリアム・ジェイムズが言うように、心が変わって、行動が変わる。行動が変わって、習慣が変わる。習慣が変わって、人格が変わる。

そして、気づいたときには、人格が変わって、自分の人生を自分で創る運命へと、変わるきっかけになっているに違いない。

身体を使う・動かす・癒す・休める

1. 食べ過ぎた、と思ったらプチ断食で胃腸を休めよう。腸内環境は脳の働きにも影響している。

2. アメリカのエリートビジネスパーソンに人気の「ブレットプルーフ（防弾）・コ

ーヒー」で朝をスタートしてみよう。コーヒーにグラスフェッドバターやMCTオイルまたは、ココナッツオイルを混ぜるだけ（自分の身体に合うか試してみてほしい）。脳の活性化を促す、とシリコンバレーのビジネスパーソンのあいだで評判だ。

3. 簡単なセルフマッサージのあとに、ゆっくり体操をして身体の声を聴こう。疲れを溜めずに、不調に早く気づこう。

4. 銭湯、サウナで裸の時間をゆっくり持とう。

5. 毎日5分間で良いので、瞑想の時間を作ってみよう。ガイド付きメディテーションを試してみよう。

6. 目を酷使した後は、遠くの緑や山の景色を眺めてみよう。

7. アロマ・匂いの効果を実感する。洗顔後、好きな匂いのローションを使うことから始めてみよう。元気を出したいとき、リラックスしたいときで、香りを使い分けてみよう。

8. 家でテレビや音楽を付けっぱなしにして過ごさない。スマホは、家の中で持ち歩かずに、決められた場所に置いておこう。

9. 部屋の明かりを薄暗くしよう。キャンドルライトで寝る前の時間を過ごす。

10. スマホをベッドルームで充電しない。電磁波の影響に気を遣おう。

人・動物・草木とつながる

11. 動物との触れ合いで、癒される時間を作ろう。

12. 乗馬をして、馬とコミュニケーションが取れるか試してみよう。

13. バードウォッチングをしながら、小鳥のさえずりに耳を傾けて聞き分けよう。

14. 仕事と関係のない友人を昼食に誘って、お互いの近況を報告し合おう。

15. 子どもと遊んで、自分の中の「子ども」を元気づけよう。子どもから、ビギナーズマインドを学ぼう。

16. ボードゲームや野外遊びといった昔からの遊びを、大切な人と楽しもう。

17. 大切な人と「ミステリーデート」をしてみよう。行き先は内緒で、サプライズさせよう。

18. 大切な人とマッサージをし合って、心も身体も癒されよう。優しいタッチに、オキシトシンも分泌され、癒され、リレーションシップの向上にもなる。手をつないで歩こう。

自然と遊ぶ

19. ガーデニングで土に触れよう。

20. マインドフルに五感を使って、季節の食事を味わおう。

21. 窓辺でハーブを育てて、料理に使ってみよう。

22. フィッシングに出かける。釣れたら、魚をさばいてみよう。

23. 川の水、滝のしぶきでマイナスイオンを浴びよう。

24. 遠くまで出かけられないときは、近くの噴水のそばや、緑の多い公園で読書しよう。

25. 野草を積んで、料理してみよう。いちご狩りやリンゴ狩りに出かけて、ジャムを作ろう。

26. 家やオフィスに観葉植物を置こう。5分間、植物の前で、静かに過ごしてみよう。

27. 温泉、露天風呂に浸かって、自然と一体になろう。

28. お弁当を手作りして、ピクニックに出かけよう。芝生に座り、靴を脱いで、地球の波動と共振しよう。

29. 焚《た》き火でアウトドア・クッキングにチャレンジしよう。慣れてきたら、火を起こすところから始めよう。

30. 自転車で遠くまで行ってみよう。

31. スキー、スノーボード、スノーシュー、クロスカントリースキーなどで、雪遊びをしよう。雪だるまを作るのも良い。

32. ボート、サーフィン、ラフティングのどれかウォータースポーツを体験しよう。自然に流れる小川や、池で水遊びするのも良い。

33. 第5章で紹介した「ダブルインヘール・ロングエクスヘール呼吸法」で気分を落ち着かせてみよう。

34. 蛍光灯を使わずに、自然光で過ごそう。

35. プラスチックをやめて、自然な素材のものと交換しよう。

36. GPSを使わずに、紙の地図を見ながら知らない場所へ行ってみよう。迷いそうになったら、直感に頼ってみよう。

初心に戻る（ビギナーズマインド）

37. 毎朝、太陽の光を浴びよう。乱れがちな生活も「体内時計をリセット」して整えよう。

38. 出勤途中に、マインドフルな歩きを取り入れよう。足が地面から浮く、膝が持ち上がる、足が動いている、重心が移動している、足が地面や床についている、と意識を向けて感じながら歩く。

39. 持ち物を減らして、選択疲労を減らそう。

40. ＤＩＹ日曜大工に励む――自分の手で作る喜びを味わってみよう。

41. 家計簿をノートにつけて、お金の行方《ゆくえ》を把握しよう。何に出費しているのか、に意識を向けよう。

42. キャンプに行って、テントに泊まろう。最小限の持ち物で、あえて不便を楽しもう。

オウ（驚き）体験をする

43. ボランティア活動に参加してみよう。誰かのために、見返りを期待せずに行動しよう。

44. 福祉や災害支援などの目的で行なわれている募金に、寄付してみよう。

45. 朝起きたら、感謝することをいっぱいに書き出そう。

46. 明かりの少ない場所に出かけ、満天の星空を眺める。それが難しければ、プラネタリウムに出かけよう。

47. 10〜15分でいいので、オウを体験する散歩に出かけよう。

48. ひとりの時間をスケジュールに入れよう。

49. 野に咲く花や蜘蛛の巣をスケッチして、自然の細かな美しさに気づこう。

50. 日本庭園で和の美しさに浸ろう。

51. お寺で瞑想を体験しよう。

52. 神社などのパワースポットに出掛けて、氣をもらってこよう。

おわりに

最後まで読んでくださって、どうもありがとうございました。

この本のタイトルを見たとき、皆さんの心の中で、どんな気持ちが湧いてきたでしょうか。「グーグル社員」「日曜日」「山」。

どういうことだろうかと、きっと興味を持ってもらえたから、本書を手に取っていただけたのだと思います。本書があなたの新しい行動のきっかけになれることを願っています。

アメリカ人は、よくこんな言葉を口にします。

"When life gives you lemons, make lemonade."

病気、失業、離婚など、人生において苦難は付き物ですが、そんな「レモン」を投げつけられたら、それをチャンスに、そのレモンを活かしてレモネードを作ろう、とポジティブに捉えようという意味です。

私自身、離婚を経験したとき、「作曲家、大学教授の妻」という肩書きが消え去りました。

まるで、グーグル社員の肩書きが、真夜中に送られてきた1通のメールで消え去ったように。

どんな肩書きも、社会の中で自分を位置付ける目安としての安心はくれるけど、それは永遠の安定を約束するものではありません。それどころか、肩書きはレッテルにもなり束縛にもなりえます。

「グーグル社員」という肩書きを失った彼らも、失わなかった彼らも、肩書きの自分、としての立場の儚さを思いしらされ、「私は一体、何者なのだろうか」と、まっさらな自分と向き合うことを強制されたのです。

そうして、それまで見えていなかった「より自分らしい可能性」を、見つけ出していきました。

「あなたが向き合わなかった問題は、いずれ運命として出会うことになる」

スイスの精神科医・心理学者のカール・ユングの言葉です。運命として出会ってしまった問題は、より自分らしさ、新しい可能性を見つけるチャンスでもあります。

もう一度、本書のタイトルをご覧ください。

「グーグル社員」は、幸せを約束しているかのような、儚い肩書きの隠喩《メタファー》です。レモンを投げつけられたとき、頼りになるのは、それをレモネードに変えることのできる人間力です。

「山」、そして自然は、私たちがすでに持っている、その偉大な力に気づかせてくれます。

社会の中で生きている限り、私たち一人ひとりに、社会で果たす大切な役割があります。「日曜日」は、そんな役割から自由になれる休み時間の隠喩です。社会の中での役割が、すべてではありません。でも、その役割が、自分らしさやイキガイ、そして、自己達成と結びついているなら、きっと、日曜の夜、エネルギーに溢れ、幸福感が満たされた状態で過ごせていると思います。

この度、私も数々のレモンから、最高のレモネードを作ることができました。出版するためのノウハウだけでなく、著者としての「あり方」を惜しみなく教えてくださり、サポートして下さった、ブックオリティの〝タカトモさん〟こと高橋朋宏さん、平城《ひらき》好誠《よしのぶ》さん。

素晴らしいタイトルを考案し、読者に寄り添った内容になるまで私の拙文を磨き上げてくださったＰＨＰ研究所ビジネス書編集長の大隅元《げん》さん。

シリコンバレー現地で取材のコーディネートをしてくださった敦子さん、千香子さん。この場をお借りして、心よりお礼を申し上げます。

河原千賀

PHP
Business Shinsho

河原千賀（かわはら・ちか）

アメリカ在住ジャーナリスト。大阪生まれ。1988年よりアメリカ在住。大谷大学短期大学部幼児教育学科、カリフォルニア州立大学心理学部卒業、同大学院教育心理学部修士課程修了。アメリカ人と結婚し、3児の母となる。ロサンゼルスの幼稚園教師として勤務後、フルコミッション制の不動産エージェントに転職。離婚後、2018年より、ロス・パドレス国立森林公園内の、山々に囲まれたプライベートコミュニティに在住。星空の美しい自然の中で、人間として最高な人生とは何かを研究し、人間力を回復するための数々の活動を行なっている。本書が初めての著書。

PHPビジネス新書 476

グーグル社員はなぜ日曜日に山で過ごすのか

2025年2月6日　第1版第1刷発行

著者　河原千賀
発行者　永田貴之
発行所　株式会社PHP研究所
東京本部　〒135-8137　江東区豊洲5-6-52
ビジネス・教養出版部　☎03-3520-9619（編集）
普及部　☎03-3520-9630（販売）
京都本部　〒601-8411　京都市南区西九条北ノ内町11
PHP INTERFACE　https://www.php.co.jp/
装幀　齋藤 稔（株式会社ジーラム）
石澤義裕
印刷所　株式会社光邦
製本所　東京美術紙工協業組合

ISBN978-4-569-85849-4

「ＰＨＰビジネス新書」発刊にあたって

わからないことがあったら「インターネット」で何でも一発で調べられる時代。本という形でビジネスの知識を提供することに何の意味があるのか……その一つの答えとして「**血の通った実務書**」というコンセプトを提案させていただくのが本シリーズです。

経営知識やスキルといった、誰が語っても同じに思えるものでも、ビジネス界の第一線で活躍する人の語る言葉には、独特の迫力があります。そんな、「**現場を知る人が本音で語る**」知識を、ビジネスのあらゆる分野においてご提供していきたいと思っております。

本シリーズのシンボルマークは、理屈よりも実用性を重んじた古代ローマ人のイメージです。彼らが残した知識のように、本書の内容が永きにわたって皆様のビジネスのお役に立ち続けることを願っております。

二〇〇六年四月

ＰＨＰ研究所